AF509051

VOYAGES

HISTORIQUES

DE

L'EUROPE

DEDIEZ AU ROI,

CONTENANT L'ORIGINE,
la Religion, les Mœurs, les Coûtumes & les forces de tous les
peuples qui l'habitent, & une
Relation exacte de tout ce que
chaque Païs renferme de plus
digne de la curiosité d'un Voiageur.

VOYAGES

HISTORIQUES

DE

L'EUROPE,

TOME II.

Qui comprend tout ce qu'il y a
de plus curieux en Espagne
& en Portugal.

A PARIS,

Chez MICHEL BRUNET, au
Palais, Galerie neuve au Dauphin.

M. DC. XCIII.

AVEC PRIVILEGE DV ROY.

AU ROY,

 IRE,

La protection que
VOSTRE MAIESTÉ

ã iij

EPITRE.

a bien voulu accorder
à mes Voiages histo-
riques de l'Europe, a
procuré à la premiere
partie de cet Ouvrage,
le bon accueil qu'elle a
reçû du Public ; C'est,
SIRE, pour en marquer
ma tres-humble recon-
noissance à VOSTRE
MAIESTE', que je prens
la liberté de lui dedier
cette seconde partie, qui
n'a pas moins besoin de
sa protection. Quelque
sensible que je sois,

ÉPITRE.

SIRE, à toutes les gra-
ces de VOSTRE MA-
JESTE', & quelque sujet
que ses Victoires me
donnent de publier sa
gloire, dont l'éclat aug-
mente à mesure que le
nombre de ses ennemis
grossit, je demeure dans
le respectueux silence que
je me suis prescrit ; &
je laisse à la Renommée
le soin de publier les
Actions Heroïques de
VOSTRE MAJESTE',
qui remplissent tout l'U-

EPITRE.

nivers de crainte, d'é-
tonnement & de respect.
Je me contenterai, SI-
RE, d'admirer la Sages-
se qui préside dans vos
Conseils, la Valeur qui
regne dans vos Armées,
& la Puissance qui fait
triompher la France de
tous les Princes liguez
injustement contr'elle.
Que le Ciel, SIRE, en
conservant vôtre Per-
sonne Sacrée, continuë
de favoriser la Justice de
vos Armes; que la suite

EPITRE.

de cette guerre ſoit une ſuite de Conquêtes, & que vos Ennemis ſoient forcez d'accepter la Paix que VOSTRE MAIESTE' *veut procurer à l'Europe. Ce ſont les vœux continuels que fait,*

SIRE,

POUR VOSTRE MAJESTE',

Son tres-humble, tres-obéïſſant
& tres-fidelle ſujet & ſerviteur,
JORDAN.

AVIS
AU LECTEUR.

'EST ordinaire-
ment dans la
lecture des Voia-
ges où l'on prend une
connoissance parfaite de
l'Origine, de la Reli-
gion, des Mœurs, des
Coûtumes & des Forces
des Païs Etrangers, qu'-
on ne peut acquerir sans
de longues études, ou

sans des dangers ausquels tout le monde ne s'expose pas.

Comme j'ai déja fait connoître dans la Preface de la premiere partie de cet Ouvrage (à laquelle je renvoie le Lecteur) le but que je me suis proposé en donnant au Public, les remarques que j'ai recueillies sur les differens peuples de l'Europe, & sur les curiositez les plus remarquables de chaque Etat, je n'en ferai pas ici une repetition ; je

dirai seulement, que je
me suis beaucoup plus
étendu sur le Gouverne-
ment, sur les Mœurs &
sur les Coûtumes d'Es-
pagne, que je n'ai fait
sur celles de France ;
parce qu'étant particu-
lieres à cette Nation ,
elles sont moins connuës
chez ses voisins : au lieu
que les Manieres Fran-
çoiles ne sont presqu'i-
gnorées de personne ,
& qu'on trouve peu de
Cours polies en Europe,
où elles ne soient à la
mode. Comme le suc-

cez du premier Volume a surpassé mes esperances, par la quantité qu'on en a debité en moins de deux mois ; par deux Editions qu'on en a faites dans les Païs Etrangers, où on l'a traduit en Flamand, & par la Traduction Angloise que je viens d'apprendre qu'on en a fait à Londres : j'ai des raisons pour croire que celui-ci ne sera pas moins bien reçû. Et si l'Espagne, nonobstant sa sterilité a pû me fournir de la matiere pour

remplir ce Volume, l'a-
bondance & la fertilité
d'Italie rendront le troisiéme Tome plus fecond
en belles remarques,
veu que c'est la partie
de l'Europe où la Natu-
re étale le plus de mer-
veilles, & qui étoit au-
trefois la grande Ecole
des Arts & des Scien-
ces.

TABLE

DES CHAPITRES
de ce Volume.

CHAP.

ē

Table des Matieres.

Fin de la Table.

EXTRAIT DV PRIVILEGE du Roi.

PAr grace & privilege du Roi, donné à Paris le 10. Aouſt 1692. ſigné par le Roi en ſon Conſeil PETIT & ſcellé; Il eſt permis au Sieur CLAUDE JORDAN, de faire imprimer un Livre intitulé *Voiages hiſtoriques de l'Europe*, par lui compoſé, en autant de volumes qu'il jugera à propos, pour le tems & eſpace de huit années, à compter du jour que chaque volume ſera achevé d'imprimer; faiſant Sa Majeſté défenſes à tous Imprimeurs, Libraires & autres, de contrefaire ledit Livre, ni même d'en vendre de contrefaits, ni d'impreſſion étrangere, à peine de trois mille livres d'amande, confiſcation des exemplaires con-

trefaits, & de tous dépens, domm-
mages & interêts, ainfi qu'il eft
porté plus au long par ledit Privilege.

*Regiftré fur le Livre de la Com-
munauté des Libraires & Imprimeurs de Paris, le 12. Aouft 1692.
Signé, P. Aubouyn, Syndic.*

Achevé d'imprimer ce volume
pour la premiere fois, le 15. Novembre 1692.

Les Exemplaires ont été fournis.

VOIA-

MER OCEANE
MER OCEANE
MER
MEDITERANÉE
L'ESPAGNE
Divisée en GALICE ASTURIES BISCAYE,
NAVARRE, LEON, VIELLE et NOUVELLE
CASTILLE, ARRAGON, ANDALOUSIE, MURSI,
VALENCE et CATALOGNE avec LES ISLES
MAJORQUE, MINORQUE et YVICA au Roy d'Espa:
LE PORTUGAL et L'ALGARVE au Roy de Portug.
Par N. de Fer Geographe de Monseigneur le Dauphin.
GALICE
ASTURIES
BISCAYE
LEON
CASTILLE VIELLE
CASTILLE NOUVE
PORTUGAL
ANDALOUSIE
ALGARVE ou Roy de Portl
GRENADE
ARRAGON
CATALOGNE
VALENCE
MURCIE
Barcelone
ISLE MINORQUE
ISLE DE YVICA
ISLE MAJORQUE
ROUSSILLON
Cap Finisterre
Finistere
Mont Negra
Ribadeo
Oviedo
Bayone
Bilbao
St Port de Passe
Cap de Compostelle
Murs de Compostelle
Bayona
Minho R.
Braga
Porto
Douro R.
Aveiro
Lamego
Viseu
Coimbra
Cap de Mondego
Guarda
Leiria
Tomar
Santarem
Lisbonne
Cap de Rocca Sintra
Tejo R.
Cap de Espichel
Setubal
Alcacer
Beja
Faro
Cap de St Vincent
Cap de Ste Marie
Guadiana
Seville
Medina Sidonia
Destroit de Gibraltar
Tanger
AFRIQUE
Gibraltar
Ceuta
Malaga
Velez
Ronda
Marbella
Cartama
Grenade
Cap de Gates
Cap de Palos
Murcie
Carthagene
Baeza
Cordoue
Oviedo
Leon
Astorga
Palencia
Burgos
Valladolid
Zamora
Salamanca
Toro
Segovia
Avila
MADRID
Toledo
Cuenca
Calatrava
Merida
Truxillo
Badajoz
Olivenca
Elvas
Evora
Xeres de Badajos
Llerena
Calahorra
Vittoria
Pampelune
Jacca
Caragosse
Lerida
Cervera
Tortose
Tarragone
Gerona
Elne
Perpignan
Salces
Leucate
Narbonne
Foix
Pamiers
St Bertrand
Huesca
Balbastro
Segovia
Ebre Riv.
Valence
Xucar Riv.
Gandia
Denia
Alicante
Elche
Oriuela
Segura R.
Isle Formentere
Echelle
5. 10. 15. 20.
Vingt Lieües de France
ou Quinze d'Espagne
C. Inselin Sculp.

VOIAGES
HISTORIQUES
DE
L'EUROPE.

***

CHAPITRE PREMIER.

De l'Espagne en general.

L'ESPAGNE, en y comprenant le Por-tugal, dont je par-lerai à la fin de ce Traité, est une Presqu'isle,

Tome II. A

située à la partie la plus occi-
dentale de l'Europe, entre le
neuviéme & le vingt-quatrié-
me degré de longitude , &
entre le quarante-troisiéme &
le quarante-cinquiéme de latitude Septentrionale. Elle est
jointe au reste de l'Europe
par une chaîne de montagnes
qu'on appelle les Pirenées,
qui la separent de la France ;
de maniere qu'elle a pour
bornes l'Ocean au Septen-
trion , & à l'Occident ; la mer
Mediterranée au Midi, & les
monts Pirenées partie au Septentrion & partie à l'Orient.

Son étenduë à la prendre
depuis le Cap de Finistere en
Galice, jusqu'à celui de Creux
en Catalogne, peut avoir deux
cents vingt lieuës ; depuis le
Détroit de Gibraltar, qui joint

la mer Oceane avec la Me- ESPA-
GNE.
diterranée, & qui separe
l'Espagne de l'Affrique, jufqu'au Détroit de las Penas en
Afturie, on compte environ
cent foixante-dix lieuës; mais
fa plus grande longueur depuis le Cap S. Vincent dans
les Algarves, jufqu'en Rouf-
fillon, eft d'environ deux cens
foixante lieuës.

L'Efpagne fut connuë au- Son
nom.
trefois par les Romains fous le
nom d'Iberie, à caufe du fleu-
ve d'Ebre, qui en Latin s'appelle *Iberus*; quelques Auteurs veulent qu'elle ait tiré
fon nom d'Efpagne de la ville
de Seville, que les Latins nomment *Hifpalis*, & d'autres
que le Roi Hifpanus ou Hif-
pan fils d'Hercule, lui donna
fon nom, lors que fon pere

lui en confera le gouvernement l'an du monde 2263.
Comme cet Hispan mourut
du vivant de son pere, on ne
le met pas au nombre des Rois
d'Espagne ; l'histoire nous apprend qu'elle fut d'abord peuplée par les enfans de Japhet,
ainsi que tous les autres païs
de l'Europe.

Les Mers & les Montagnes
innaccessibles, dont l'Espagne
est environnée, ne l'a pas em-
pêchée d'être la proie des
Etrangers ; elle a été subju-
gnée par les Celtes, les Rho-
diens, les Phéniciens, les
Carthaginois, les Romains,
les Vandales, les Sueves, les
Gots & les Maures qui n'en
ont été chassez que depuis
deux siecles, comme je le dirai plus bas.

Quoi‑que l'Espagne soit presqu'environnée de Mers, elle n'a pas une abondance de bons Ports ; les plus con‑siderables sont ceux de Ca‑dix, de Cartagéne, d'Alicant, de la Corune, le Passage, Saint André & Bilbao. Palos en est un autre qui n'est renommé qu'à cause que Christophe Colomb s'y embarqua lors qu'il entreprit son premier voiage pour la découverte des Indes Occidentales : On y compte cinq fleuves ou grandes rivieres, qui ont tous leurs sources en Castille, sça‑voir l'Ebre, le Tage, le Due‑ro, le Guadalquivir & la Gua‑diane, qui, dit‑on, se perd dans la terre pendant plus d'une lieuë, & donne occasion aux Espagnols de dire qu'ils ont

ESPA‑
GNE.

Ses
Ports.

Ses
Rivie‑
res.

A iij

un pont sur lequel on fait paî
tre dix mille moutons, & où
l'on peut faire marcher une
armée en bataille : cependant
il est certain que cette Riviere ne se cache en nul endroit,
& les Cartes qui la represen-
tent autrement, n'en sont pas
pour cela plus exactes. Comme l'Ebre a communiqué son
nom à l'Espagne ; que le Duero roule une plus grande
quantité d'eau & est plus pois-
sonneuse que les autres ; qu'on
trouve de l'or dans le sable
du Tage , que le Guadalquivir
a plus de profondeur & traverse le plus beau païs d'Espagne ; on dit communé-
ment , que l'Ebre l'emporte
pour le nom, le Duero pour la
force , le Tage pour la renommée , le Guadalquivir

pour les richesses, & que la
Guadiane se cache en terre,
pour n'avoir pas dequoi ré-
pondre à tout cela. Quoi-que
ce ne soit qu'une fable, les
Espagnols ne laissent pas d'en
faire une des trois merveilles
dont ils ornent leur Païs ; la
seconde est un pont sur lequel
on voit couler l'eau:c'est l'ac-
queduc de Segovie, & la troisiéme, une Ville enceinte de
murailles de feu : par celle-
ci ils entendent les anciennes
murailles de Madrit, qui n'é-
toient que de cailloux, desquels on tiroit du feu en les
frapant avec de l'acier.

Du tems que les Mores é-
toient maîtres de l'Espagne,
le Caliphe Valid-Almanzor,
Empereur des Arabes étant
mort, & sa race éteinte, les

A iiij

Des
trois
mer-
veilles
d'Espa-
gne.

Gouverneurs des Provinces
d'Espagne, tâcherent chacun
de s'approprier l'étenduë de
leur Gouvernement, pendant
que les Chrêtiens s'établis-
soient de leur côté en divers
endroits : & c'est ainsi que s'y
formerent jusqu'à quatorze
Royaumes : il y en avoit cinq

Ses
Royau-
mes ou
Provin-
ces.

sur l'Ocean qui étoient ceux
de Biscaye, d'Asturie, de Galice, de Portugal & d'Andalousie ; cinq sur la Mediterranée ; sçavoir, Grenade,
Murcie, Valence, Catalogne,
Majorque & Minorque : &
quatre dans le Païs, l'Arragon, la Navarre, Leon & la
Castille, qu'on divise en vieille & nouvelle. Lors de la dé-
cadance des Mores tout ce
Païs fut reduit à cinq Royaumes, aprés que Ferdinand

Roi d'Arragon eut joint le
sien avec celui d'Isabelle Reine de Castille qu'il épousa en
1474. Les autres étoient l'Arragon, la Navarre, Grenade
& le Portugal, & sous Philipe II. & Philipe III. tous
ces Royaumes n'ont reconnu
qu'un même maître : mais a-
vant que d'entrer dans le détail de toutes ces Provinces ou
Roiaumes, j'ai resolu de donner un abregé dans le chapitre suivant, de la maniere &
du tems que les Mores sont
venus en Espagne & en ont
été chassez ; ce qui sera d'un
grand secours à ceux qui n'ont
pas lû les histoires d'Espagne,
pour l'intelligence de bien
des choses qui doivent entrer dans cet ouvrage.

CHAPITRE II.

*Quelle fut la cause du passage
des Mores en Espagne, &
comment ils en furent chassez.*

Usur-
pation
de Ro-
drigue.
DON Rodrigue, que d'au-
tres nomment Rode-
rick, aiant usurpé le Roiaume d'Espagne sur Don San-
che son neveu, fils du Roi Vi-
tiza, dont il étoit tuteur, voulut faire mettre à mort ce jeune Roi, afin qu'il n'apportât
aucun obstacle à l'envie de
regner qui le dominoit; mais
la Reine Anagilde sa mere,
trouva moien de l'enlever des
mains de ce Tiran, & de passer en Affrique, pour y chercher la protection des Mores;

elle mourut peu de tems a-
prés avec son fils à Tanger :
& ainsi Rodrigue se vit pai-
sible possesseur de l'Espagne,
& ne s'appliqua, dans son oi-
siveté, qu'à la débauche &
à toute sorte de vices. Il avoit
envoié un des principaux Seigneurs d'Espagne, nommé le
Comte Julien, en Ambassade
en Afrique, pour empêcher
que la Reine Anagilde n'y
obtînt aucun secours ; & la
mort de cette Reine n'mpê-
cha pas qu'il n'ordonnât à
son Ministre d'y séjourner
jusqu'à nouvel ordre, pour
veiller à ses interêts pendant
qu'il menoit une vie tout-à-
fait debordée, faisant massa-
crer ceux de ses sujets qui a-
voient de belles femmes ou
filles, pour en joüir plus en

liberté. Son amour brutale le porta un jour à forcer une des belles filles de toute l'Espagne, nommée Florinde qui étoit la fille du Comte Julien dont je viens de parler ; elle fut si outrée de l'affront qu'elle venoit de recevoir, qu'elle en fit des plaintes à son pere dans une lettre qu'elle lui écrivit pleine de douleur, qui merite de trouver place ici, quand ce ne seroit que par les termes dont elle se servit pour lui expliquer des choses que la pudeur ne lui permettoit pas de dire ouvertement.

Le regret que j'ai de l'absence d'un Pere, qui m'est aussi cher que vous le devez estre, me fait chercher en vous écrivant, la consolation que je ne sçaurois trouver à vous voir. La nouvelle que je vous envoie, quoi-que déja vieille dans cette Cour, sera toûjours nouvelle pour une fille comme moi, & paroîtra aux yeux de tout le monde fort é-trange pour un grand Prince comme Rodrigue. Vous sçaurez donc, mon cher Pere, que j'a-vois laissé par mégarde sur une table, la bague que je vous envoie dans cette lettre, & n'a-vois pas eu soin de bien serrer comme je devois ce precieux joiau que j'estimois plus que ma vie, & que vous & ma mere m'aviez tant recommandé: Lors que le Roi, qui en a eu envie, s'est jetté dessus avec impetuosité pour le prendre; & comme il a vû que je ne le lui voulois pas donner, il a tiré son poignard, & y a donné tant de coups, que quelques cris & quelques ef-

*forts que j'aie faits pour l'empê-
cher, il a, comme vous voiez, fen-
du en deux l'anneau & l'emerau-
que y etoit enchassée. Un acci-
dent si fâcheux & si inopiné
me donne tant de confusion,
que je ne le sçaurois expliquer
davantage, & me fait vous
conjurer d'y donner remede s'il se
peut; car il n'y a que vous à qui
je me puisse adresser pour cela;
ma mere se porte assez mal &
moi encore pis; je prie Dieu qu'il
vous ait en sa garde, &c.*

Le Comte Julien eut un
chagrin mortel, de l'affront
que sa famille venoit de recevoir; il le dissimula pourtant en homme d'esprit. Il
revint en Espagne, où en peu
de tems il forma un parti
considerable, tant de ses parens & amis, que des autres

Seigneurs mécontens ; mais
comme ils ne pouvoient pas
se vanger sans le secours de
quelque Puissance Etrangere,
Julien fit connoître au Roi
qu'il étoit necessaire pour ses
interêts, d'envoier quelqu'un
prés de Muça, qui, sous la
qualité de Viceroi, gouver-
noit en Affrique de la part
du Grand Almanzor; & com-
me il n'y avoit personne à
la Cour plus propre pour cet
emploi que lui, il en eut bientôt la commission : mais a-
vant d'en partir, il avoit par
une feinte maladie de sa femme, qui étoit sur ses Terres à
Algezire au détroit de Gibraltar, tiré sa fille de la Cour
pour l'aller voir ; car il faut
sçavoir que Rodrigue rete-
noit à sa Cour les enfans des

plus grands Seigneurs du Roiaume, pour lui servir d'ôtage de leur fidelité.

Toutes les mesures étant prises, le Comte s'embarqua avec sa femme & sa fille, & ses meilleurs effets qu'il emporta en Affrique. Au lieu d'y servir le Roi son Maître comme autrefois ; il representa à Muça les sujets de mécontentement que ce Monarque donnoit à ses peuples, & offrit de livrer ce grand Roiaume, au Calife Almanzor, s'il vouloit y envoier une armée pour favoriser le parti des mécontens. Cette proposition fut goûtée par le Viceroi d'Affrique, qui l'aiant communiquée à l'Empereur son Maître, envoia en Espagne un petit corps de six mille

mille hommes de pied &
quelque cavalerie , ſous la
condition d'un vaillant Capitaine, nommé Tariff Aben-
riet, natif de la Ville de Da-
mas , & du Comte Julien,
qui traverſerent le détroit
d'Hercules, que ce Capitaine
nomma *Jubalfath*, & que nous
apellons *Gibraltar*. Les Mores
furent parfaitement bien reçûs par les vaſſaux du Comte
Julien , & en peu de tems tous
les mécontens du Roiaume
vinrent ſe joindre à eux. Cela
arriva l'an 712. ou 713. de nôtre ſalut.

Ces heureux commence-
mens enflerent les Affricains
de bonnes eſperances, & Tariff qui en alla rendre compte
au Viceroi Muça , en reçût
bientôt un plus grand nombre

de troupes qui firent des pro-
grez surprenans, tant par le
mécontentement des peuples
envers Rodrigue, que parce
qu'il avoit lui-même fait dé-
molir toutes les fortes places
du Roiaume, afin d'ôter aux
Seigneurs qu'il chagrinoit, le
moien de lui faire de la peine : outre qu'il n'avoit point
de troupes reglées depuis
longtems, à cause de la profonde paix dont joüissoit le
Roiaume.

Tout cela embarassoit ex-
tremement Rodrigue, qui pour
surcroît de malheur n'avoit
point d'argent, pour mettre
promtement sur pied une armée pour opposer à ses ennemis ; dans cette extréme necessité, il resolut de faire ouvrir un lieu qu'on nommoit

la Tour enchantée, prés de
Tolede, où l'on difoit qu'il
y avoit un Trefor, que perfonne avant lui n'avoit ofé
rechercher.

Quoi-que ce que je m'en
vais rapporter paroiffe fabu-
leux, on eft pourtant forcé
de l'admettre pour une verité inconteftable, à moins de
s'infcrire en faux contre tous
les Hiftoriens qui ont traité
de l'Efpagne, & entr'autres
Abulcacim Tariff Abentariq,
qui a écrit en Arabe l'Hiftoire
des Conquêtes de l'Efpagne
par les Mores, dont on nous
a donné depuis peu d'an-
nées une Traduction Françoi-
fé : il en parle comme fçavant,
aiant été prefent à toute cette
expedition, & aiant appris
ce que je vais dire de cette

Tour enchantée, de la bouche de l'Archevêque Don
Oppas un des Generaux du
Roi Rodrigue, qui y entra
avec lui.

Cette Tour étoit entre
deux rochers escarpez à demi lieuë au Levant de To-
lede ; & au-dessus du rés de
la chaussée ; on voioit une cave fort profonde, separée en
quatre differentes voutes, au
travers d'une ouverture fort
étroite entaillée dans le roc,
qui étoit fermée par une porte de fer, qui avoit, dit-on,
mille serrures & autant de
verroux. Sur cette porte il y
avoit quelques caracteres
grecs qui souffroient plusieurs significations ; mais la
plus forte opinion veut que
c'étoit une prédiction de mal-

heur à celui qui l'ouvriroit. ESPA-GNE.

Rodrigue fit faire de certains flambeaux que l'air de la cave ne pouvoit éteindre; & aiant forcé cette porte, y entra lui-même, suivi de beaucoup de personnes. A peine eut-il fait quelques pas, qu'il se trouva dans une fort belle salle, enrichie de sculptures, au milieu de laquelle il y avoit une Statuë de bronze, qui représentoit le Tems, sur un piedestal de trois coudées de haut, qui tenoit de la main droite une masse d'armes, avec laquelle elle frapoit de tems en tems la terre, dont les coups retentissant dans cette cave, faisoient un bruit épouvantable. Rodrigue bien loin de s'effraier, assura ce fantôme qu'il ne venoit

pas pour faire aucun desordre dans le lieu de sa demeure, & lui promit d'en sortir
dés qu'il auroit vû toutes les
merveilles de ce lieu-là, &
alors la Statuë cessa de battre
la terre.

Le Roi donnant courage
aux siens par son exemple, fit
une visite exacte de cette salle,
à l'entrée de laquelle il y avoit
une cuve ronde, dont il sor-
tit une espece de jet d'eau qui
faisoit un murmure affreux.
Sur l'estomac de la Statuë é-
toit écrit en Arabe : *Je fais
mon devoir*, & sur le dos : *à
mon secours*. Au côté gauche
contre la muraille on lisoit :
*malheureux Prince, ton mau-
vais destin t'a mené ici* & au
côté droit : *tu seras dépossedé
par des Nations Etrangeres, &*

*tes sujets seront châtiez, aussi
bien que toi de tous leurs crimes.*

Rodrigue aiant contenté sa curiosité, il s'en retourna ; & à peine eut-il tourné le dos, que la Statuë recommença ses coups : ce Prince fit refermer la porte, & boucher même l'endroit avec de la terre, afin que personne n'y pût entrer à l'avenir : mais la même nuit on entendit de ce côté-là de grands cris qui precederent un éclat épouvantable, semblable à un grand coup de tonnerre ; & le lendemain on ne trouva plus la Tour, ni presque aucuns vestiges de ce qui avoit rendu cet endroit remarquable.

Je ne veux pas entreprendre de confondre l'incredulité de ceux qui ne voudront pas ajoûter foi à cette hiſtoire ; quoi-que je crois qu'il ne faudroit pour cela que leur alleguer le paſſage du chapitre cinquiéme du Prophete Daniel, lorſque Bathazar Roi de Babilonne, petit fils de Nabuchodonoſor, vit cette main qui écrivoit ſa condamnation ſur la muraille de ſa chambre, en ces termes : *Mane*, *Thekel*, *Phares* ; car je ne crois pas que perſonne me diſpute, que le même Dieu qui conduiſoit cette main, pouvoit bien avoir permis & ordonné dans ſon Conſeil éternel, tout ce que l'hiſtoire nous apprend de cette étrange avanture.

Pour revenir à Rodrigue, l'extréme danger où il ſe voioit l'obligea à ne rien épargner

pargner pour parer, s'il lui
étoit poſſible, les malheurs
qui le menaçoient ; & aiant
aſſemblé une armée de cent
mille hommes, il alla au devant des Mores, qu'il trouva
dans la Plaine de verité prés
de Cordouë. Les deux armées
en vinrent aux mains, & le
combat qui dura preſque huit
jours, fut un des plus opiniâtres & des plus ſanglans
dont l'hiſtoire nous faſſe mention. Je dis preſque huit jours,
car il commença un Mercredi
matin, & la nuit les ſeparant,
on renvoioit la partie au lendemain ; & on continua de
même en combattant tous
les jours juſqu'au Mercredi
de la ſemaine ſuivante, qu'enfin les Chrêtiens furent entierement défaits : & Rodri-

gue qui pendant ce tems-là
avoit fait tout ce qu'on pouvoit attendre d'un grand Capitaine, disparut sans qu'on
sçût ce qu'il étoit devenu :
mais plusieurs années aprés
on trouva son Tombeau dans
la principale Eglise de Visco
en Portugal, sur laquelle on
avoit gravé, *Ci gît Rodrigue
dernier Roi des Gots.*

Cette bataille qui se donna
en 714. fut la perte totale de
l'Espagne ; car les Mores ne
trouvant plus d'obstacles, s'en
rendirent entierement les
Maîtres cette même année.
Mais aprés la mort du Grand
Almanzor, chaque Gouver-
neur de Province s'appropria
en titre de Roiaume son Gouvernement ; & comme cela
ne pût se faire sans qu'il s'al-

lumât plusieurs guerres entr'eux , qui les affoiblirent
considerablement ; cela donna lieu aux Chrêtiens de pro-
fiter de leurs divisions , &
peu-à-peu de les chasser d'Espagne. Et comme la Famille
Roiale étoit éteinte en la personne de Rodrigue , à mesure
que les Mores étoient chaf-
sez de quelque Province ; celui d'entre les Chrêtiens qui
avoit le plus de credit s'y faisoit reconnoître pour Roi.
Enfin tous ces petits Rois Mores se trouvant anneantis ou
par eux-mêmes , ou par la
force des Chrêtiens , quantité
repasserent en Affrique , plusieurs se firent baptiser , &
d'autres eurent liberté de
conscience jusqu'en 1 6 1 o.
que le Roi Catholique obli-

ESPA-GNE.

gea tous les Mores genera-lement d'évacuer ses Etats ; de sorte que cette année-là ou la precedente, il en sor-tit plus de dix-huit cent mille ames, sans parler d'un nom-bre infini que l'Inquisition fit mourir. Voilà ce que j'avois à dire au sujet des Mores.

CHAPITRE III.

De la nature du Païs, de sa production & des causes de sa sterilité.

Cha-leurs.

TOut le monde convient que l'Espagne est la par-tie de l'Europe où les gran-des chaleurs sont les plus in-commodes ; & ce n'est pas sans raison qu'on dit que les flâmes qui feront les funerailles du monde au jour du Jugement, n'auront pas beaucoup à faire en Espagne, à cause que le bois y est fort rare ; & un Italien disoit un jour agreablement à un Docteur, qui étoit en peine où placer le Purgatoire, de mettre celui des Peuples du Levant dans la Libie, & celui de l'Europe en Espagne. On n'a jamais vû nulle part de secheresse semblable à celle qu'il y eut en Espagne du Regne de Gargores Roi Got : car depuis l'an du Monde 2727. jusqu'en 2754. qui sont vingt-sept ans, il n'y plût point, & toutes les sources & les rivieres tarirent : ce qui fit mourir tous les bestiaux &

une infinité de monde. A-
prés ce tems-là il vint une
espece de déluge, qui à son
tour fit du desordre dans
plusieurs Provinces.

Ces chaleurs excessives cau-
sent souvent des tremblemens
de terre en Espagne ; & il
n'y a que quelques années
qu'il y en eut un terrible à
Malaga & aux environs, qui
renversa plusieurs Eglises, &
quatorze à quinze cents maisons. Par une secousse la terre
s'ouvrit prés de Velez , qui
engloutit la riviere en peu de
tems ; aprés il en survint un
autre, qui rejoignant la terre , l'obligea de rejetter l'eau
de cette riviere avec une impetuosité effroiable , qui fut
poussée dans les airs à perte
de vûë.

Il ne faut pourtant pas attribuer uniquement la sterilité de l'Espagne à cette cha-
leur qui y est plus vehemente
que dans les païs voisins : car
elle a encore deux causes ;
la premiere vient du peu d'industrie & de la grande paresse des Espagnols ; car du
tems des Mores, le païs é-
toit bien plus fertile qu'il
n'est aujourd'hui, parce qu'ils
avoient soin de conduire l'eau
des rivieres à travers des terres, qui leur produisoient tout
ce qu'ils vouloient : mais les
Espagnols sont trop paresseux
pour se donner cette peine,
& ils aiment souvent mieux
mourir de faim, que de tra-
vailler pour gagner leur vie ;
aussi le peu de terres qu'on
y laboure sont presque tou-

C iiij

tes cultivées par des païsans
étrangers. Leur paresse s'é-
tend jusqu'à laisser tout leur
commerce aux François, Anglois & Hollandois, à qui ils
donnent leurs laines à bon
marché, & les rachetent che-
rement lorsqu'elles sont con-
verties en draps & autres é-
tofes.

L'autre cause de cette sterilité, vient de ce que l'Espagne n'est pas peuplée à
proportion de son étenduë.
On est surpris de voir ce
Roiaume presque desert, a-
prés l'avoir vû si puissant & si
florissant sous Charlequint &
Philippe Second ; ce change-
ment vient de la quantité de
Mores & de Juifs qu'on chassa d'Espagne au commence-
ment de ce siecle ; du nom-

bre infini que les guerres
continuelles ou l'Inquifition
en ont fait perir : outre qu'on
a extrémement dépeuplé l'Efpagne pour peupler les Indes;
car ceux qu'on y envoie n'en
reviennent que rarement, foit
qu'ils y meurent en chan-
geant de climat, foit que les
établiffemens qu'ils y font
(la plûpart s'y mariant avec
des Indiennes Chrêtiennes)
les y retiennent ; foit enfin
parce qu'on ne leur permet
pas de revenir : d'ailleurs on
tire beaucoup d'hommes de
ce Roiaume pour envoier en
Flandres, dans le Milanez ,
& dans les Roiaumes de Naples & de Sicile, d'où il en
revient tres-peu. Et nous de-
vons ajoûter à tout cela, la
fterilité des femmes en Ef-

ESPA-
GNE.

pagne, qui ne font pas tant d'enfans que dans les Païs Septentrionaux : aussi a t-on remarqué qu'on n'a pas vû depuis fort long-tems huit mille Espagnols à la fois dans une armée.

Tout cela n'empêche pas que l'Espagne n'ait ses proprietez, & qu'elle ne produise malgré ses habitans, de l'or & de l'argent : mais depuis la découverte du Perou, on a abandonné la recherche de ces precieux Metaux en Europe. Elle a aussi des Mines de Fer & de Plomb, & des Salines admirables, principalement dans la Catalogne, prés de Gironne, où l'on tire le Sel de certaines carrieres qui font inépuisables ; car quoi - qu'on y ait

Pro-
duction

creusé considerablement le jour, le lendemain matin la carriere se trouve pleine, la nuit aiant poussé hors des entrailles de la terre, de la matiere pour remplacer celle qu'on y a prise pendant le jour : on taille ces pierres de sel comme des Cristaux & on en fait des croix & des chapelets. Les meilleures Mines de plomb sont celles qu'on trouve à Linarez sur les frontieres d'Andalousie.

L'Espagne produit encore beaucoup de Marchandises dont les Etrangers font cas ; ils estiment les Chevaux d'Espagne, les Laines de Segovie, les Soies de Grenade, les Lins & les Chanvres d'Andalousie, le Fer & le Cuivre de Biscaie, les Vins d'Alicante,

& les Huiles & autres Fruits
qui abondent sur ses côtes:
ce qui fait assez connoître
que le terroir y seroit fort
bon, s'il étoit bien cultivé.

CHAPITRE IV.

De la Cour d'Espagne & des Coûtumes du Palais.

L'Histoire nous apprend
que depuis Pelage, qui
fut le premier d'entre les
Chrêtiens à qui les Espagnols
donerent le titre de Roi, a-
prés la défaite & la mort de
Don Rodrigue, la Couronne
d'Espagne est tombée dix fois
en quenouille. Comme je n'é-
cris pas l'Histoire de cette
Monarchie, mais seulement

un Voiage, je me difpenfe de parler de tous les Rois qui y ont regné ; je remarquerai feulement que nous n'en comptons que fept, qui ont occupé le Trône fucceffivement, depuis que les Mores en ont été chaffez, qui font Ferdinand, Philippe Premier, Charles Premier, autrement dit Charlequint, Philippe II. Philippe III. Philippe IV. & Charles II. qui regne aujourd'hui.

Il naquit le 16. du mois de Novembre 1661. & époufa en premieres noces en 1678. Mademoifelle Marie Loüife, Fille de Monfieur le Duc d'Orleans, qui étant morte fans enfans, Sa Majefté Catholique époufa en 1689. une Princeffe de Nieubourg Fille du feu Electeur Palatin, Sœur de l'Imperatrice & de la Reine de Portugal ; & quoi-que cette Famille soit une des plus fecondes de l'Europe, ce Prince n'en a encore eu aucuns enfans, ce qui authorise l'opinion de ceux qui le croient hors d'état d'en avoir.

Il n'y a point de Prince Chrêtien qui prenne tant de titres & de qualitez que les Rois d'Espagne ; voici celles que l'on donne aujourd'hui à Sa Majesté Catholique dans toutes les Commissions & autres dépêches : Roi d'Espagne, de Castille, de Leon, de Navarre, d'Arragon, de Grenade, de Tolede, de Valence, de Galice, de Seville, de Murcie, de Jaen, de

Jerusalem, de Naples, de Sicile, de Majorque, de Mi-
norque, de Sardaigne, des
Indes Orientales, des Indes
Occidentales, de toutes les
Isles & Terres Fermes de
la Mer Oceane : Archiduc
d'Autriche, Duc de Bourgogne, de Brabant, de Luxem-
bourg, de Gueldre, de Mi-
lan : Comte d'Hasprug, de
Hollande, de Flandres, de
Tirol & de Barcelonne : Seigneur de Biscaie & de Mo-
lina : Marquis du Saint Em-
pire, Seigneur de Frise, d'U-
trecht, de Malines, d'Ove-
rissel, de Groningue, & Grand
Seigneur d'Asie & d'Affrique.

On remarque que François
Premier faisant réponse à une
lettre où Charlequint avoit

joint toutes ces qualitez à celle d'Empereur , ne prit que
celle de *Roi de France, Sei-*
gneur de Vannes & de Gonesse.
Et Henri IV. dans une pareil-
le rencontre , ne prit que celle
de *Bourgeois de Paris , Seigneur*
de Gentilli.

De la
Cour.

La Cour d'Espagne doit le ce-
der en magnificence, en grandeur, en civilité & en galanterie, non-seulement à la France
& à l'Angleterre , mais même
à celles de plusieurs petits
Princes d'Italie & d'Allemagne. On voit rarement le Roi,
à moins que ce ne soit dans
les Audiances publiques qu'il
donne un jour de la semaine
dans une Salle ; & comme les
Galeries ou les Appartemens
qui y conduisent, sont ordinairement remplis par ceux
qui

qui ont quelque placet à pre-
fenter au Roi ; Sa Majefté
les prend tous en paffant pour
fe les faire rapporter : mais à
moins d'avoir des amis prés
du Secretaire d'Etat, on n'en
a des nouvelles que fort tard,
& fouvent le Roi n'en en-
tend pas parler.

Au refte, la conduite des
Rois & Reines d'Efpagne eft
tellement reglée par ce qu'on
appelle l'étiquette du Palais,
qu'il ne faut que la lire pour
fçavoir à quoi fe font occupez
tous les Rois d'Efpagne depuis
Philippe II. & ce que feront
les Succeffeurs de Charles II.
jufqu'au jour du Jugement,
pourveu que cette Étiquette
ou Reglement fubfifte jufqu'à
la fin du monde, comme on
l'obferve aujourd'hui : voici

Tome II.   D

quelques-unes de ces principales Regles.

Premierement il est ordonné aux Reines d'Espagne de
se coucher précisément à
neuf heures en hiver, & à
dix heures en été. 2. Que lorsque le Roi va la nuit de sa
chambre à celle de la Reine,
il doit avoir ses souliers en
pantoufle, son manteau noir
sur ses épaules (car il n'y a
ni mules ni robes de chambre) une bouteille de cuir
passée dans le bras gauche,
dont on se sert pour pot à
pisser, une lanterne sourde
de la même main, & son é-
pée à la main droite. 3. Que si
le Roi a eu quelque maî-
tresse, & qu'il l'ait ensuite
quittée, il faut qu'elle se ren-
de Religieuse. 4. Que toutes

les fois que le Roi recevra ESPA-
GNE.
quelques faveurs d'une maî-
treſſe, Sa Majeſté ſera tenuë
de lui donner quatre piſtoles.
5. Enfin par ce Reglement il
eſt marqué les jours que le
Roi doit donner audiance aux
Miniſtres Etrangers & à ſes
ſujets, ceux qu'il doit aller à
l'Ecurial, à Aranjuez, & à ſes
autres Maiſons de plaiſance,
& les jours que la Cour en
doit revenir ; de maniere que
quelque tems qu'il faſſe, ces
voiages ne ſont jamais inter-
rompus : & s'il arrivoit un Ex-
prés pour des affaires de la
derniere conſequence, qu'il
falût aſſembler un Conſeil extraordinaire, où la perſonne
du Roi fût neceſſaire, dans
un jour ordonné pour la chaſ-
ſe, je ne crois pas qu'on in-

terrompît ce plaisir, du moins
n'ai-je pas appris que cela soit
arrivé de ce Regne.

Il n'y a d'homme marié que
le Roi, ni de femme mariée
que la Reine, qui couchent
dans le Palais; tous les autres
sont veufs, ou gens qui n'ont
pas encore été mariez : les
Reines d'Espagne étant veu-
ves ne peuvent plus se marier selon les Loix du Païs.

Les Gardes du Roi sont com-
posées ou d'Espagnols qui est
l'ancienne garde des Rois de
Castille; ou d'Allemans, qui
fut choisie par les Princes de
la Maison d'Autriche; ou de
Bourguignons, qui est la premiere en datte, à cause que
la grandeur des Rois d'Espagne vient de la Maison de
Bourgogne, dont ils tiennent

encore l'Ordre de la Toison
d'Or, de l'origine de laquelle
je parlerai dans un autre chapitre.

Tous les Grands se couvrent
devant la Reine, comme aussi
toutes les autres personnes de
qualité, lorsqu'en presence
de Sa Majesté ils entretien-
nent quelque Dame de la
Cour ; & pour les excuser de
ce manque de respect pour
leur Souveraine, on dit qu'ils
sont tellement épris de la
beauté & du merite de la Dame avec laquelle ils ont lié
conversation, que leur inci-
vilité leur est pardonnable.
On ne donne point de tabou-
ret en Espagne: car la Reine ni
les Dames Espagnoles ne se
mettent jamais sur des sieges,
aussi n'en trouve-t-on point

dans leurs Appartemens ; elles
se mettent sur des carreaux
lorsqu'elles veulent prendre
leur repas ou se reposer, à la
maniere des Turcs ; & je crois
que c'est une coûtume qu'ils
ont gardée des Mores, avec
bien d'autres.

Des
Char-
ges à la
Cour.

Toutes les Charges de la
Cour se donnent ici , & on
n'en achete aucune. Il y a de
trois sortes de Gentilshommes de la Chambre, qui tous
ont une clef pour pouvoir
entrer dans tous les Appartemens du Palais ; on les dis-
tingue seulement parce que
la Charge des uns les attache
à servir actuellement ; les autres ont entrée & ne servent
pas, & les autres enfin portent la clef sans entrer ni
servir.

A l'égard des Enfans d'Espagne, le Fils aîné, qui est le presomptif heritier de la Couronne, doit s'appeller *Prince des Asturies*, en memoire de ce que ce Païs ne reconnut jamais les Mores ; car depuis que Pelage s'y retira avec quelques Chrêtiens qui le declarerent leur Roi, ils ont toûjours subsisté dans les montagnes & dans les cavernes, & ce sont eux enfin qui ont été les premiers à chasser les Mores de l'Espagne. Les autres Enfans sont appellez Infants, & les Filles Infantes.

Les Princesses destinées à être Reines d'Espagne, ne s'accommodent pas fort des manieres de cette Cour ; & effectivement il y en a de si ridicules, qu'il y a lieu de s'é-

tonner qu'une Nation qui
pretend le disputer en sagesse
aux Disciples de Caton, veuille
les autoriser ; je n'en veux
rapporter ici qu'un seul éxemple sur lequel le Lecteur
fera tel jugement qu'il voudra.

Si le carrosse de la Reine
vient à verser, ou qu'elle tombe de cheval, &c. il n'y a que
le Roi ou les Dames qui sont
auprés d'elle, qui puissent
aider à la relever, & ses Ecuiers ni ses autres Gentilshommes n'oseroient lui donner du secours sans risquer
leur vie. Cela arriva à la derniere Reine quelques années
avant sa mort ; car aiant monté à cheval pour aller à la
chasse, cet animal la jetta par
terre, & la traînoit dans la
court

court du Palais, son pied s'é-
tant embaraſſé dans l'étrier,
ſans que perſonne oſât y tou-
cher ; cependant deux Gentilshommes nommez D. Loüis
de las Tores, & D. Jaimo de
Soto-Mayor, touchez de com-
paſſion pour cette pauvre
Princeſſe, l'un arrêta le cheval, & l'autre débaraſſa le
pied de la Reine. Aprés quoi
ils coururent chez eux pour
faire preparer des chevaux,
afin de ſortir promtement du
Roiaume : mais la Reine ob-
tint leur grace du Roi, comme une faveur peu meritée.

Ce ne fut pas là le ſeul chagrin que cette défunte Princeſſe eut à la Cour ; car outre
qu'on lui ôta tous les domeſ-
tiques qu'elle y avoit menez
de France, la Ducheſſe de

Terra-Nova qui étoit sa premiere Dame d'atour, lui tua
deux perroquets à cause qu'ils
ne parloient que François.
Comme j'étois en ce tems-là
en Espagne, & que je ren-
contrai en allant en Portugal un des Musiciens François
qui avoient suivi la Reine, je
puis bien rapporter ce qu'il
me dit, d'un sujet de chagrin
que Sa Majesté eut, qui lui
causa la fiévre pendant quelques jours ; il me dit que cette
vertueuse Princesse avoit sup-
porté patiemment tous ses
chagrins, & avoit vû éloigner
tous les François qui l'avoient
suivie avec une fermeté toute
Roiale, qui ne fut ébranlée
que lorsque que le Roi étant
un jour entré dans le cabinet
de Sa Majesté, il se trouva de

ſi mauvaiſe humeur, qu'aiant ESPA-GNE.
apperçû un canari venu de
Paris, qui ranima ſon ramage
à la preſence de ce Prince :
bien loin d'en être réjoüi, il
ouvrit la cage, & lui tordit
le col, en diſant, ſe peut-il
faire qu'il y ait encore des
Gavaches ceans.

Les Eſpagnols appellent ainſi les François lorſqu'ils les
veulent injurier, ce mot ſi-
gnifiant gueux ; & diſent que
la proximité de Flandres avec
la France, eſt cauſe que les
François ont herité du nom
de gueux, que prirent les
Seigneurs qui ſe ſoûleverent
en Flandres avant l'établiſſe-
ment de la République de
Hollande ; quoi-que dans la
juſtice, ce nom appartient
plus aux Hollandois qu'aux
E ij

François. D'ailleurs, comme il passe une quantité de François en Espagne, qui vont à Saint Jacques en Galice, les Espagnols qui attribuent cette devotion à une veritable faineantise, en prennent aussi occasion de nous appeller gavaches.

Les Fils naturels des Rois d'Espagne n'entrent jamais dans Madrit ; & la plus forte raison qu'on m'en ait pû donner, c'est que par là on évite les disputes qui pourroient survenir du rang qu'ils pretendent sur les Grands d'Espagne.

Tous les attelages des carrosses du Roi & de la Reine sont de mules, aussi-bien que ceux des autres personnes de qualité, quoi-qu'il y ait de

tres-beaux chevaux dans quelques endroits : cependant les
haras y sont détruits à cause
qu'on ne fait couvrir les ca-
vales que par des mulets : le
peu de chevaux que l'Epagne
produit sont destinez pour
monter la cavalerie. Le Roi
en a d'assez beaux dans ses é-
curies : mais ceux que Sa Majesté a une fois montez, ne
peuvent, par l'Etiquette du
Palais, être montez par aucune autre personne. Les co-
chers ne sont pas sur un siege
comme en France & ailleurs ;
ils sont montez sur une des
mules de devant, depuis
qu'un cocher du Duc d'O-
livarez aiant de son siege
entendu un secret impor-
tant qu'il disoit à son ami,
le revela & causa des affai-

res chagrinantes à son Maître.

CHAPITRE V.

De la Langue, Mœurs, Ha-billemens, Coûtumes & Ma-ladies des Espagnols.

IL n'y a point de Nation dans le monde qui soit plus presomptueuse que l'Espagnole ; je laisse au Lecteur la liberté d'en juger sur le Tableau que je vais lui faire de son humeurs , où je ne pretens rien mettre du mien , comme il sera facile à ceux qui connoissent cette Nation de le reconnoître.

De la Langue Espagnole. Les Espagnols ont une si haute idée de leur langue ,

qu'ils disent que lors que Dieu
s'entretenoit avec Moïse sur
la Montagne de Sinaï, c'é-
toit en Langue Castillane,
qu'ils pretendent être la plus
propre pour commander. Elle dérive de la Langue Latine :
mais on ne la parle pas par
tout le Roiaume aussi pure-
ment qu'à Madrit ; dans quelques endroits, comme en
Portugal, on y mêle beau-
coup de l'Italien, & du François en Arragon.

Si les Espagnols ne sont
pas aimez des Nations E-
trangeres, ils doivent s'en
prendre à eux - mêmes ;
car en méprisant & s'es-
timant au - dessus de tout
le monde, comme ils font,
ils ne sçauroient s'en faire
aimer. Ils se qualifient de fils

E iiij

ou descendans de la noble Race des Gotz, disent que leur Roi est Maître de soixante-trois Roiaumes, qu'on dit à toute heure la Messe sur ses Etats, que jamais le Soleil ne les prive de sa clarté, & qu'il ne tient qu'à Sa Majesté Catholique de se rendre Maître de toute l'Europe, & enfin qu'ils reprendront le Portugal & la Hollande quand ils voudront, leur Roi étant le plus grand Roi du monde ; & à ce sujet je puis bien alleguer la pensée d'un homme, qui comparoit la grandeur du Roi d'Espagne à un sepulcre, qui grandit à mesure qu'on lui ôte de la terre.

Des mœurs. Les Espagnols sont paresseux, & estiment le com-

merce & les arts trop méca-
niques : ceux d'entr'eux qui
s'y mettent par neceſſité , ne
ſortent pas de leur boutique
ſans mettre l'épée au côté ,
prenant le titre de *Seignor
Cavaleros* , qui doit leur être
auſſi permis qu'aux croche-
teurs & harangeres de Paris,
celui de *Monſieur* & de *Ma-
dame*. Ils ſont graves, grands
politiques, patiens en adver-
ſité, miſterieux, ſecrets, lents
à reſoudre , & opiniâtres à
pourſuivre. Ils ſont fort
méfians envers les Etran-
gers, même à l'égard de ceux
qui ſont ſous leur domination ; auſſi voit-on les prin-
pales Charges des Païs-Bas ,
de Naples , Sicile , &c. remplies par des Eſpagnols, au
préjudice des naturels du

païs. Le peuple quoi-que groſſier, y eſt extrémement fier : mais on peut en excep-ter ceux qui ont vû le mon-de, avec qui il n'eſt pas dif-ficile de lier ſocieté & amitié.

Des
habits.

Toutes les Nations de l'Eu-rope trouvent l'habillement Eſpagnol ſi groteſque, qu'ils s'en ſervent pour repreſenter les farces riſibles ſur les Thea-tres ; eux au contraire, ſe moquent des modes de Fran-ce, & diſent que le François change de mode & d'habit auſſi ſouvent que ſon eſprit change de ſituation. Char-le-quint dit un jour à cette occaſion, que les Eſpagnols paroiſſent ſages & ne le ſont pas, & que les François le ſont ſans le paroître.

On ne paroît au Palais qu'en

habit noir, & tous les Espagnols en general font habillez de cette couleur. Leur
ajustement confiste en une
culotte fort étroite, la plûpart boutonnée le long des
cuisses, une roupille ou pourpoint qui ferre la taille jufqu'aux anches ; une ceinture
de maroquin pour ferrer le
ventre, des escarpins fembla-
bles à ceux des danfeurs de
corde, des bas noirs à refeau
qui en laiffent apercevoir une
autre paire de toile blanche :
une épée d'environ quatre
pieds & demi au côté gau-
che, un poignard au côté
droit, pour parer le coup dans
le combat ; un manteau noir
fur cet équipage, qu'ils trouf-
fent ordinairement fous le
bras gauche ; comme les Prê-

tres. Les plus galans ont un petit chapeau doublé de tafetas noir, avec un cordon de dentelle noire, & une *Gonille* ou grosse fraise leur sert de cravate. Il ne faut pas oublier de dire qu'il y a peu d'Espagnol qui n'ait du tabac en poudre dans le gousset de sa culotte, sans papier ni tabatiere, où il puise à discretion : joignez à cela que les Espagnols sont presque tous basanez, les cheveux courts & noirs, & la moustache en forme de croissant, aiant la marche aussi grave que celle d'une Autruche. Pour les femmes, même les Reines, elles sont aussi habillées de noir, aiant de grandes jupes qu'on appelle des vertugadins, qui se tiennent aussi

larges qu'un grand cerceau
de tonneau, & fous lefquelles
on pourroit facilement cacher
deux perfonnes : elles mettent
une fi grande quantité de
blanc & de vermillon, que
leurs vifages en paroiffent
plâtrez.

A l'égard des coûtumes des Coû-
Efpagnols, ils en ont beau- tumes.
coup qui nous paroiffent ridicules, j'en marquerai ici
quelques-unes des principales. Premierement, à l'égard
de la civilité, on donne toûjours le deffous du pavé ; on
fort & on entre le premier
dans fa maifon, & difent que
c'eft pour laiffer plus de liberté à l'Etranger, qui autrement fe trouve obfervé par
le maître du logis. Les Efpagnols commencent à bou-

tonner leur pourpoint par le
bas lorfqu'ils s'habillent. Les
gens de qualité ont des mar-
mites d'argent fermées avec
un cadena, crainte que les
domeftiques ne dérobent la
viande ou la graiffe dans le
tems qu'elle eft fur le feu, ce
qui arrive fouvent : cela vient
de ce qu'on ne les nourrit
pas, & qu'ils font affez mal
paiez de leurs gages ; auffi en-
levent-ils tout ce qui refte
lorfqu'on deffert la table de
leurs maîtres, jufqu'aux chan-
delles ou bougies du buffet :
mais les Pourvoieurs y prennent de fi prés garde, qu'ils
n'en achetent que ce qu'il
faut pour chaque jour.

Une des manieres les plus
ridicules des Efpagnols, font
les lunettes dont ils fe fer-

vent ; car non-seulement les
vieillards en portent , mais
aussi les jeunes gens de quatorze à quinze ans, d'un &
d'autre sexe sans necessité ,
puisqu'ils en ont à table &
en marchant dans les ruës ;
il faut remarquer qu'ils ne les
portent que pour avoir plus
de gravité , & que plus les
lunettes sont grandes, plus la
personne qui les porte est
relevée en dignité.

L'on n'oseroit entrer dans
une Eglise avec des éperons,
sans courir risque d'être arrêté & condamné à une a-
mande. Les femmes ne vont
point aux processions , pas
même à celles de la Fête-
Dieu : mais elles se mettent
sur des balcons, plûtôt pour
voir passer leurs Amans & en

être vûës, que par un acte de devotion. D'ailleurs elles sortent tres-rarement (j'entens les femmes au-deſſus du commun) elles ſont preſque toûjours enfermées par un effet de jalouſie de leurs maris ; & lorſqu'elles vont à la meſſe, c'eſt ſous un grand voile, accompagnées de quelque vieille *Doigna*, pour veiller à leur conduite : cependant elles trouvent moien d'introduire ſouvent leurs Amans chez elles, ou chez quelque parente ou amie qu'elles vont viſiter. Autrefois les rendez-vous ſe donnoient dans l'Egliſe, où les Amans ſe tenoient prés des benetiers ; & en preſentant de l'eau-benite aux Dames voilées, celles qui y trouvoient les leurs, leur gliſſoient

ſoient un billet dans la main :
mais depuis quelques années,
le Nonce a défendu aux hommes de preſenter l'eau - be-
nite aux Dames, ſous peine
d'excommunication.

Tous les enfans trouvez en
Eſpagne ſont declarez nobles
& reconnus pour tels, la rai-
ſon qu'ils alleguent pour cela eſt qu'il vaut mieux reconnoître un enfant roturier
gentilhomme, que de rendre
un gentilhomme roturier. Les
grandes chaleurs qui regnent
en Eſpagne, ſont cauſe que
chacun depuis dix heures du
matin, juſqu'à cinq heures du
ſoir, reſte dans ſa maiſon,
dans le lit ou dans des ſalles
fraîches ; de ſorte que pendant ce tems - là les bouti-
ques ſont fermées, & on ne

voit perſonne dans les ruës.

Les Eſpagnols ſont prodi-
gues envers leurs maîtreſſes,
ils n'épargnent rien pour ſe
rendre l'entrée de leur maiſon acceſſible ; outre que c'eſt
un point d'honneur de ne
rien refuſer à une femme,
comme perles, diamans, habits, &c. bien qu'elle ne vous
ait jamais accordé la moindre
faveur.

Ils ſont fort vindicatifs, &
peu de choſe les porte à tuer
un homme en trahiſon ; la
facilité qu'ils ont à ſe refu-
gier dans les Egliſes où ils
ſont en ſeureté, ne contribuë
pas peu à leurs mauvais deſ-
ſeins : ils ſe ſervent pour cela de certaines armes qu'on
appelle des *ſtilez* ; il y en a
de deux ſortes, les uns ſont

gros & ronds comme le petit
doigt, qui font une affez grande ouverture: les autres ne font
pas plus gros qu'une éguille ;
& longs d'environ un pied ;
ceux-ci font les plus dangereux, parce qu'ils entrent fort
avant, & font une ouverture
fi petite, que bien fouvent
il n'en fort point de fang,
quoi-que les boiaux foient of-
fenfez ; de-maniere que ne
pouvant penfer cette plaie,
fans faire de grandes ouver-
tures, il y en a peu qui en é-
chapent. Ceux qui veulent
faire affaffiner quelqu'un fans
paroître, fe fervent ordinairement de gens qui vien-
nent du Roiaume de Valence
pour vaquer à ces fortes de
commiffions, & qui font bon
marché de leurs peines.

ESPA-
GNE.

Voilà ce que j'avois à dire
en general des mœurs & manieres Espagnoles ; il ne me
reste pour finir ce chapitre,
qu'à remarquer à quelle sorte
de maladies les peuples Espagnols sont le plus sujets ; c'est
à des maux de gorge, qui de-
generent souvent en écroüel-
les : ils ont aussi des rumatis-
mes, qui étant negligez ren-
dent leurs corps tout perclus:
cela leur vient, dit-on, de
l'air qui y est si subtil, que
s'ils n'ont soin de bien fermer
les fenêtres des endroits où
ils couchent, & se couvrir
l'estomac le matin avant toutes choses, ils en sont infail-
liblement incommodez. Les
maux veneriens y font aussi
des desordres, non-seulement
parmi les gens débauchez,

mais même parmi les Reli-
gieux & les enfans, dont la plûpart naissent infectez de cette
maladie, que les Allemans
appellent *spanse pocke*, c'est-
à-dire verole d'Espagne.

CHAPITRE VI.

Des manieres de se nourrir, de voiager & des monnoies du Païs.

APrés avoir fait connoî-
tre les mœurs & coû-
tumes de cette Nation, je
crois qu'il sera à propos de
dire quelque those de la maniere dont ils se nourissent,
& ce qu'un voiageur doit faire
& éviter chez eux, qui sera
aussi bien-aise d'avoir quel-

que connoiſſance des mon-
noïes du Païs.

Les Eſpagnols ſont fort ſo-
bres, ne mangeant ſouvent
qu'un oignon ou quelque
gouce d'ail, qui ſont des
morceaux fort delicats pour
eux; les perſonnes de qualité
qui font ſervir leur table a-
vec un peu plus d'abondance,
n'ont jamais deux plats à la
fois, on ne les leur ſert qu'un
aprés l'autre. Les femmes ne
ſe mettent jamais à table,
parce qu'elles ne peuvent,
ſelon la coûtume Eſpagnole,
s'aſſeoir ſur un ſiege, mais
ſeulement ſur des carreaux
à terre, les jambes en croix
comme nos Tailleurs, & on
leur ſert à manger ſur des
tapis de Turquie ou de Perſe.
Le Samedi on mange en Eſ-

pagne, la tête, les pieds, le foie, les poulmons & le cœur de toutes sortes de bêtes, & même du lard, sans pretendre que ce soit de la viande.

Il ne faut pas s'étonner si on manque souvent de pain en Espagne, soit par faute de bled, parce qu'on y en seme fort peu, soit parce qu'il n'y a point de moulins à vent, & les moulins d'eau cessent souvent en été à cause de la secheresse : de sorte que comme les Espagnols n'ont point de prévoiance, & se soucient fort peu du lendemain, ils n'ont la plûpart du tems ni pain, ni farine, & ne s'en mettent presque pas en peine.

On ne voit jamais, ou fort rarement, un Espagnol voiager par curiosité ; ceux qui sortent de chez eux ne le font que pour aller remplir quelque emploi dans les Etats éloignez, qui sont sous la domination de leur Prince, ou pour servir dans les troupes qu'il y entretient. Les Etrangers n'ont pas besoin de passeports en entrant en Espagne, pas même en tems de guerre, mais bien lorsqu'ils en sortent : cependant il faut paier de gros droits pour les habits, & pour l'or ou l'argent que l'on porte au-delà de ce qu'il en faut pour aller à la couchée ; il y a des gardes qui fouillent, & vous les confisquent, non-seulement à l'entrée & à la sortie d'Espagne, mais même d'une Province à l'autre, comme de Cade Catalogne en Arragon, d'Arragon en Castille, &c. Ceux qui sçavent cette coûtume évitent le danger de trois manieres ; ou en tirant un certificat ou passeport des Magistrats de la Ville de l'argent que l'on a, en paiant les droits ; ou en prenant des lettres de change, ou enfin en se faisant accompagner par quelqu'un de la Ville à une lieuë delà en guise de promenade. A propos de lettres de change, je dois avertir les voiageurs qui iront du côté de Cadix & de Seville, que s'ils prennent des lettres de change à Madrit, ou dans des lieux encore plus éloignez, sur Cadix, Seville, &c. ils auront un benefice considerable : & au contraire, s'ils se trouvent en avoir besoin dans ces lieux là, ils les paieront bien cheres ; la raison en est, que c'est du côté d'Andalousie, où les galions déchargent l'or & l'argent qu'ils apportent des Indes, & qu'on ne peut le faire circuler dans les autres Provinces qu'avec peine & dépense.

Un voiageur doit encore remarquer que lorsqu'il arrivera dans une hôtellerie, fûtelle la meilleure d'Espagne, il doit se pourvoir d'un lit ; car il arrive souvent qu'il n'y a que celui de l'hôtesse : ensuite il donnera la viande qu'il aura apporté pour faire cuire, ou en ira acheter s'il s'en trouve dans le lieu ; puisqu'il n'est pas permis aux hôtelliers de vendre les vivres, qui sont en

parti, & dont les droits qu'on
prend dessus font un des principaux revenus du Roi. Les
cheminées, principalement
des cuisines, font au milieu
de la chambre, de sorte qu'on
peut se chaufer ou se fumer
de tous les côtez.

Les voitures dont les voiageurs se servent en ce païs-ci,
font des mules, qui marchent
avec autant de gravité qu'un
Espagnol ; surquoi il faut remarquer qu'on met la valise
sur le pommeau de la selle,
qui sert d'appui au cavalier :
& en guise de foureau de pis-
tolet, ils ont de chaque côté
un grand étui de cuir bouli,
dans un desquels ils mettent
leurs provisions, & dans l'autre de la glace pour tenir leur
vin au frais. On court rare-

ment la poste en Espagne, il
n'y a que les couriers du Roi,
ou ceux qui ont une permission de la Cour car ceux qui
portent les lettres d'une Province à l'autre, ou sur la frontiere, ce ne sont que des
messagers fort bons pietons;
mais qui s'enyvrant souvent,
il est facile de leur ôter leurs
lettres.

Des
Mon-
noies.

Quant aux monnoies d'Es-
pagne, celles d'or s'appellent
Dublone, qui sont les pistoles, & celles d'argent *Real*,
que nous appellons Reales ou
pieces de huit, qui valent
environ cinquante-huit sols,
ou un écu argent de France;
aussi-bien que leurs ducats.
Ce qu'ils appellent real de
Billon, sont des monnoies
imaginaires, comme sont les

livres en France. Les autres especes ne sont que l'augmen-
tation ou la diminution des
pistoles ou des reales, comme double pistole , quatru-
ple, demi, quart ou huitiéme
de reale. Il est bon de remarquer qu'on ne pese point les
especes en Espagne , ce qui
fait que les Juifs y renvoient
celles qu'ils ont rognées ailleurs, sur lesquelles ils font
un gros profit , pour ne pas
dire grande friponnerie.

CHAPITRE VII.

Du Gouvernement, des Etats du Roiaume, & de la maniere d'administrer la Justice.

COmme un Etranger a besoin sur toute chose, de connoître le Gouvernement d'un païs où il voiage, afin d'y pouvoir regler sa conduite dans les occasions, j'ai jugé à propos d'en traiter dans ce chapitre, avant de parler de la Religion.

Gou-
verne-
ment.

J'ai déja dit que la Couronne d'Espagne est hereditaire au fils aîné : que faute de fils, elle tombe en quenouille, & que le presomptif heritier s'appelle Prince des Astu-

ries , en consideration de ce ESPA-
GNP.
que ce fut dans ce quartier
du Roiaume , où Pelage se
retira avec les Chrétiens qui
ne voulurent pas reconnoître
la domination des Mores , &
qui fut la premiere Province
qui secoüa le joug des Infideles. Le Roi d'Espagne envoie des Vicerois & des Gouverneurs dans les Roiaumes
& Provinces de sa domina-
tion ; il dispose de neuf Vi-
ceroiautez ; sçavoir Naples,
Sicile , Sardaigne , Arragon,
Valence , Navarre , Catalogne , le Perou & la Nou-
velle Espagne : les principaux
Gouvernemens sont ceux des
Païs-Bas , de Milan , Galice ,
Biscaie , Isles Majorque &
Minorque ; & aux Indes. Lima , Castra , Saint Michel ,

de Plata, &c. Ceux d'Europe ne font que pour trois ans, & ceux des Indes pour fix, à moins qu'ils ne foient continuez, & cela fuffit pour les enrichir confiderablement.

Les Charges de Judicature & Militaires ne fe vendent point, on les donne fouvent à la faveur plûtôt qu'au merite ; ce qui a fes inconveniens, auffi-bien que la venalité dans les endroits où on les vend : cependant il y a des Villes, comme Cordouë, Grenade, Seville, &c. où la juftice eft adminiftrée par une Compagnie de gens qu'on appelle *Cabildo*, qui acheteut leurs Charges, & font hereditaires dans leurs familles.

Autrefois on affembloit les

Etats Generaux du Roiaume,
qu'on appelloit Conciles,
pour proceder à l'élection des
Rois, & regler tous les differens qui survenoient au sujet
du Gouvernement : mais on
leur a ôté tous ces privileges,
& à peine en reste-t-il quelque teinture dans ce qu'on
appelle *las Cortes*, ou les
Cours, qu'on convoque pour
confirmer le Prince des Asturies du vivant de son pere, &
le reconnoître successeur à la
Couronne. Toutes les Villes
du Roiaume n'ont pas droit
d'y députer ; Charle-quint re-
gla qu'il n'y auroit que seize
Villes & deux Bourgs qui auroient ce privilege : sçavoir
Burgos, Leon, Grenade, Seville, Cordouë, Murcie, Jaen,
Tolede, Segovie, Salaman-

que, Avila, Toro, Zamora, Cuença, Soria, Guadalaxar, & les deux Bourgs sont Validolid & Madrit, parce qu'elles ne sont pas enceintes de murailles. Dans cette ceremonie qui se fait ordinairement dans l'Eglise, le Roi & le Prince sont du côté de l'Epître, & les Prelats du côté de l'Evangile; & aprés que les Deputez ont prêté serment de fidelité au Prince, un Secretaire de l'Assemblée s'adressant au Roi, dit à haute voix.

Vôtre-Majesté, au nom du Serenissime Prince N. N. accepte le serment de fidelité, foi & hommage, & tout ce qui a été fait aujourd'hui en faveur dudit Serenissime Prince, demande aux Secretaires & Greffiers des Etats qu'ils en portent

*témoignage : & ordonne qu'on
aille recevoir le même serment
de tous les Prelats, Grands &
Gentilshommes qui ne se trouvent pas ici.*

A quoi le Roi répond : *Oäi
je l'accepte, je le demande & je
l'ordonne.*

Ceux qui veulent parvenir
aux Charges de Judicature,
doivent avoir étudié la Phi-
losophie & les Humanitez
dans les Universitez d'Espagne, dont les principales sont
Salamanque & Alcala ; aprés
quoi il faut étudier quatre
ans les Loix pour être reçû
Bachellier, qui est un titre
necessaire à un Avocat ; ceux-
ci peuvent devenir *Alcaïde*
ou Baillif : mais pour cela il
est necessaire d'avoir des a-
mis parmi ce qu'on appelle

84   *Voiages historiques*

Consultans des Universitez, afin de tâcher d'être du nombre des trois qu'on propose au Roi, pour en choisir un afin d'en remplir la place vacante. La marque d'autorité de tous les Officiers de Justice, est une petite baguette blanche qui est fort respectée en Espagne ; car dés qu'un Officier en a touché quelqu'un, il est reconnu criminel, & ne peut plus être protegé de personne, jusqu'à ce qu'il ait été justifié.

Maniere de trancher la tête.

On fait trancher la tête indifferemment à tous ceux qui ont tué quelqu'un, au lieu qu'en France on ne décapite que les Gentilshommes : mais on observe une particularité remarquable ; c'est que si le criminel a tué fon homme en traître, le bourreau lui donne le coup par derriere ; & au contraire il le reçoit par devant s'il a ôté la vie à fon ennemi en le frapant par devant.

A l'égard des procez, lors qu'ils ont été inftruits dans les endroits où ils font in-tentez, les Commiffaires les envoient dans des facs cachetez à des Tribunaux fort éloignez, pour être ju-gez fur l'inftruction ; aprés quoi on les renvoie avec la Sentence ou Jugement : ain-fi les plaideurs n'ont pas befoin de perdre leur tems & leur argent en follicita-tions. Il feroit à fouhaiter que cela fe fît par-tout de-même : cependant cette ma-niere a fes inconveniens ;

car outre que les Juges n'é-
xaminent bien souvent que
les premieres pieces du procez qui leur tombent sous la
main, il arrive aussi que ces
Procez seront des cinquante
& soixante années sans être
jugez, sans que les parties
sçachent où reclamer les
pieces originales qu'ils y ont
attachées, & qui peuvent
leur être necessaires ailleurs.

CHAPITRE VIII.

De la Religion, de l'Inquisi-tion, des Ecclesiastiques & de quelques devotions des Espagnols.

QUoique la Religion Ca-
tolique, Apostolique &
Romaine, soit la seule permise
en Espagne & en Portugal, il
ne laisse pas d'y avoir encore
beaucoup de Juifs & quelques
Mores qui ne sont pas connus:
Hermenigilde fut le premier
Prince Chrêtien qui regna en
Espagne, vers la fin du sixiéme siecle, aiant été converti
à la foi par sa femme Ingonde
de France, fille de Sigebert;

Ce n'est pourtant pas depuis ce temps-là que les Rois d'Espagne ont été surnommez *Catholiques*; Ferdinand V. fut le premier à qui ce titre fut donné par le Pape Alexandre VI. aprés la prise de Grenade.

On a remarqué que la severité du Tribunal de l'Inquisition qu'on appelle *Saint Office*, a causé plus de mal que de bien ; en effet, pour peu de connoissance qu'on ait de l'histoire, on ne peut pas ignorer que c'est à l'Inquisition à qui il faut attribuer la perte que Sa Majesté Catholique a faite des Provinces - Unies, & le dépeuplement de l'Espagne, qui ont tellement affoibli le Roiaume, qu'il n'a pû resister ni aux Portugais, ni aux François, qui lui ont enlevé une partie

partie des Etats que Philippe II. & Philippe III. avoient poſſedez.

Ce Tribunal fut établi en Eſpagne par une Bulle de Sixte IV. en 1483. Torque-meda Dominiquain, Confeſ-ſeur de la Reine Iſabelle, fut le premier pourvû de la Charge de Grand Inquiſi-teur. Et par un privilege que Philippe III. accorda à l'Or-dre des Dominiquains, un des cinq Conſeillers dont il eſt compoſé, doit être de leur Ordre. Outre ce Conſeil Ge-neral qui reſide à Madrit il y en a pluſieurs autres dans les Etats de Sa Majeſté Ca-tolique, qui reſſortiſſent à ce-lui-ci ; ſçavoir, à Seville, à Tolede, à Grenade, à Cordoüe, à Cuença, à Validolid, à Mur-

Inqui-ſition.

Tome II. H

cie, à Derena, à Logronnon,
à Compostelle, à Saragosse, à
Valence, à Majorque, à Barcelonne en Sardaigne, à Pa-
lerme, aux Canaries, au Mexique, à Cartagene & à Lima.

Ils ont une infinité d'Officiers ou espions pour veiller
non seulement à la conduite
des gens, mais même à leurs
paroles pour en avertir l'Inquisition ; sur le moindre
soupçon on emprisonne un
homme, qui, après avoir été
sept à huit mois dans un ca-
chot, est mené devant les
Juges qui lui demandent pourquoi il a été arrêté, & s'il
répond qu'il n'en sçait rien,
comme il est tres-souvent
vrai, on le renvoie dans la
prison jusqu'à ce qu'il plaise
aux Juges de l'interroger : en-

fin il est toûjours traité de
la sorte jusqu'à ce qu'il se soit
accusé lui même ; & alors
sur sa propre accusation ou
sur les témoignages qui sont
produits contre lui, on le
condamne à être brûlé vif,
au foüet, ou à être promené
par la Ville, attaché à la queuë
d'un âne, avec des écritaux
diffamatoires, chacun aiant
la liberté de le fraper & de
lui jetter de la boüe : le Roi
n'a pas la permission de donner grace à un criminel accusé ou condamné par l'Inquisition, & alors quand on
fait quelque execution, les
Grands d'Espagne sont obligez de faire la fonction d'Ar-
chers, c'est à dire d'accompagner les criminels.

Il ne faut pas s'étonner si

Ecclé-
siasti-
ques.

H ij

les Ecclesiastiques sont tous riches en Espagne, aiant la porte ouverte à toutes sortes d'acquisitions & fermées aux moindres alienations ; outre qu'ils tirent la dîme de tout le revenu des biens seculiers : il n'y a point de Convent qui par sa fondation n'ait dequoi avoir du pain, du vin, de la vande, du sel & de la nége en été, pour le nombre des Moines qui y doivent être.

Il y a huit Archevêchez en Espagne, qui ont quarante-cinq Evêchez suffragans : les Metropoles sont l'Archevê-ché de Tolede qui a de revenu trois cens mille ducats. Celui de Burgots 40000. D. Celui de Compostelle 40000. Celui de Seville 80000. Celui de Grenade 60000.

) Celui de Valence   40000.
) Celui de Saragoce   60000.
Et celui de Terragone. 35000.

Les Espagnols passent plûtôt pour être superstitieux
que veritables devots ; ils
croient que ceux qui sont nez
le Vendredi Saint , gueris-
sent les pestiferez de leur sou-
fle , tuent du même vent les
chiens enragez & ne crai-
gnent point le feu , quand
même ils entreroient dans
une fournaise : cependant
ceux qui sont nez ce jour-là
se contentent de le croire sans
en faire l'experience : ils ont
plusieurs opinions de même
nature , fondées sur leur seule ignorance.

Ils ont une grande charité
pour les ames de Purgatoire,
& à ce sujet je ne puis m'em-

pêcher de raconter ce que le
Comte de Vila-Medina fit à
un Moine qui demandoit
dans l'Eglise pour les ames
de Purgatoire, quoi - qu'on
puisse l'avoir déja lû ailleurs.
Il demanda au Moine ce qu'il
faloit pour délivrer une ame ;
à quoi il repliqua, ce qu'il
plairoit à sa Grandeur, &
comme le Comte eut jetté
une double pistole dans le
bassin, le Pere se prit à faire

un grand signe de croix,
disant. *Ha ! Seigneur, vous
venez de délivrer une belle ame
d'une cruelle peine ;* cela obligea le Comte de lui deman-
der comment il pouvoit le
sçavoir : *C'est,* dit le Moine,
*que le Saint Esprit vient de
me faire voir le Ciel ouvert,
& les bienheureux tendant les*

bras à cette ame, qui est entrée dans la Beatitude. Cela étant, repliqua le Comte, vous n'avez plus besoin de ma double pistole, puis que ceux qui sont une fois en Paradis ne craignent plus les flâmes du Purgatoire, ainsi il la reprit & la mit dans sa poche.

La veille des bonnes Fêtes on fait des Processions dans toutes les Villes, où l'on voit quantité de Penitens, la moitié du corps nud, qui se déchirent la peau avec une discipline ; les uns le font par ordre du Confesseur, les autres par une pure devotion, & d'autres par hipocrisie ; car passant sous les fenêtres de leurs maîtresses ou d'autres personnes pour qui ils ont du respect, ils affectent de

De la penitence.

ESPA-
GNE.

redoubler les coups afin de leur donner le divertissement de cette flagellation.

Il se fait une autre Procession le jour de la Fête-Dieu, qui paroît encore plus ridicule, & l'une & l'autre ressentent fort les folies & les superstitions des Affriquains : A la tête de cette Procession marchent une bande d'hautbois, castagnettes, tambours

Procef.
fions.

de basque & quantité de personnes dans des machines de carton, qui forment des geans & autres monstres, dansant & gambadant au son de ces instrumens, qui attirent plûtôt la risée du peuple, qu'ils n'excitent la devotion. Parmi ces affreuses figures , il y **a** un serpent d'une grosseur extraordinaire qu'on met sur

des

des rouës, & les hommes ca_
chez dans cette machine, font
mouvoir cet animal de car_
ton peint, de maniere qu'a_
vec sa gueule, il enleve bien
souvent le chapeau de ceux
qui s'en approchent; & ceux
qui le voient pour la premie_
re fois, ne peuvent qu'en être
effraiez.

Ils appellent ce serpent *Ta-*
rasca, du nom de Tarascon
en Provence ; parce que,
dit _ on, il y avoit autrefois
dans le bois de Tarascon, un
gros serpent aussi ennemi de
l'homme, que celui qui sedui_
sit Eve dans le Jardin d'E_
dem, & que sainte Marthe
par ses oraisons triompha de
cet animal, l'aiant étranglé
avec sa ceinture.

A propos de ce badinage,

il me souvient d'avoir vû à
Valence en Dauphiné, en
l'année 1678. plusieurs mari-
niers Provenceaux qui re-
montant le Rhone, s'y ren-
contrerent le jour de leur
Fête, & y firent à peu prés
une semblable figure de carton, qu'ils nommoient *Ta-
rasque*, la promenant par la
Ville, & causant une épou-
vante generale aux petits enfans & de l'horreur aux femmes grosses.

Mais si les Espagnols tiennent ce divertissement des
Provenceaux, ils devroient
comme eux ne s'en servir que
dans leurs réjoüissances, &
non pas aux journées où l'on
doit mettre toute son appli-
cation à celebrer saintemen
la Fête du Createur du Ciel
& de la Terre.

Au tems de la la Fête-Dieu les Comediens ferment leur Theatre pendant environ un mois, & repreſentent dans les places publiques des Comedies ſpirituelles : leurs Theatres ſont illuminez de flambeaux, quoi-qu'en plein jour & en pleine ruë ; au lieu que dans les endroits renfermez, où ils repreſentent leurs autres pieces, ils n'ont d'autre clarté que celle du Soleil.

La ceremonie que les Eſpagnols font la veille de Noël ne paroît pas moins ridicule à ceux qui n'y ſont pas accoûtumez. Les Moines & autres Eccleſiaſtiques repreſentent dans le Chœur de leurs Egliſes des Comedies burleſques, avant & pendant la

Messe de minuit ; ils se tra-
vestissent en femmes, ou
prennent d'autres déguise-
mens, mettant sur leurs visa-
ges des masques défigurez,
comme la jeunesse fait en
France, à Rome & à Venise
les derniers jours du carnaval:
les tambours de basque & les
hautbois sont mêlez avec l'ar-
monie des orgues. Aprés
quelques ceremonies, ils font
une procession dans l'Eglise
sans se démasquer, sautant &
dansant, & faisant faire les
mêmes postures aux Images
de la Sainte Vierge, de Saint
Joseph, & à un petit Jesus
qu'ils portent dans un lit ; ils
pretendent justifier leur procedé, en disant qu'ils imitent
le Prophete Roial, qui sau-
toit & joüoit de la harpe lors

qu'il se réjoüissoit au Seigneur.

Avant de finir ce chapitre,
je dois remarquer que s'il
meurt une personne qui n'ait
pas dequoi se faire enterrer,
les Prêtres la font porter de
carrefour en carrefour, & on
va quêter dans les maisons
voisines pour subvenir à la
sepulture ; & si c'est dans un
village où le peu de faculté
des habitans ne promet pas
une colecte fort considerable,
on expose le mort sur les
grands chemins, le visage à
découvert.

ESPA-
GNE.

Enter-
remens

CHAPITRE IX.

Des Ordres de la Toison d'Or,
de Calatrava , d'Alcantara
& de Saint Jacques , des
Grands d'Espagne , & de la
Noblesse.

L'Or-
dre de
la Toi-
son
d'Or.

COmme l'Ordre de la Toison d'Or n'est qu'un titre honoraire, les Espagnols ne s'empressent pas beaucoup de l'acquerir ; aussi les Rois d'Espagne ne le donnent guére qu'aux Princes ou Seigneurs Etrangers. Le vulgaire dit que cet Ordre fut institué à l'honneur de la Sainte Vierge & de S. André, à l'occasion de ce qu'un païsan reçût de la main d'un

Ange une Toiſon d'Or , avec
ordre d'amaſſer des troupes
ſous cet étendart , pour chaſ-
ſer les Mores d'Eſpagne ;
quelques Auteurs veulent que
cet Ordre fut inſtitué en memoire de Gedeon , qui, avec
trois cents hommes , défit un
nombre prodigieux de Ma-
dianites ; d'autres , que c'étoit
à cauſe du grand revenu que
les laines des Païs-Bas rap-
portoient à leurs Princes. Il
y en a encore qui veulent que
lors de l'inſtitution de cet
Ordre , on avoit eu en vûë
la pêche de l'or qu'on faiſoit
autrefois dans quelques rivieres de Colchide , avec des
toiſons de moutons qu'on jet-
toit dans l'eau , auſquelles les
grains d'or que la riviere en-
traînoit s'attachoient : mais

j'ose dire que tout cela n'est
que fables, & que la verité
est que cet Ordre fut institué
à Bruges par Philippe le Bon
Duc de Bourgogne, en 1429.
& voici ce qui y donna occasion.

Ce Prince étant un jour
entré dans la Chambre d'une
Dame de Bruges parfaitement
belle, & pour laquelle il n'é-
toit pas insensible, trouva sur
sa toilette une assez bonne
quantité de cette matiére dont
il est fait mention dans les
Contes de Monsieur de la
Fontaine, que le Diable ne
put jamais redresser sur son
anclume. Comme celle-ci se
trouva d'un fort beau blond,
le Duc qui s'apperçût de la
confusion où la Dame étoit
tombée, & de la raillerie que

commençoient à en faire ses courtisans, institua un Ordre qu'il nomma , *de la Toison d'or* , & voulut en être le Grand Maître. Cet Ordre est aujourd'hui commun à tous les Princes de la Maison d'Autriche, qui sont descendus de Marie de Bourgogne fille de Charles le Hardi. Ils portent une Toison ou Figure de mouton d'or, penduë au col, & les jours de ceremonie ils ont une robe de toile d'argent, un manteau de velours rouge cramoisi, & le chaperon de velours violet.

A l'égard des autres Ordres de Chevalerie d'Espagne, ce-lui de Calatrava fut institué *Ordre de Calatrava.* par le Roi D. Sanche en 1158. & fut surnommé le Galant, parce qu'on n'y admettoit que jeunes Cavaliers; la marque de sa Chevalerie est une croix rouge fleuronnée. Ce nom nom lui fut donné de celui de la Ville de Calatrava, à cause qu'ils la défendirent vaillamment contre les Mores. Il faut remarquer en passant qu'autrefois les Chevaliers de ces trois Ordres étoient des Religieux qui ne se marioient point : mais presentement ils se marient presque tous (avec dispense du Pape) & ils doivent avant d'être reçûs Chevaliers faire preuve de Noblesse, & qu'ils sont descendus de race Chrêtienne, sans mélange de Mores ni de Juifs, ce qui est assez difficile. Je crois que le Lecteur ne me sçaura pas mauvais gré de la liste que je vais

lui donner des Commanderies
de ces trois Ordres , & de
leur revenu ; voici celles de
l'Ordre de Calatrava.

La Commanderie du Grand
Maître , autrement appellée
Mayor 10500. ducats.
Celle de Claveria 9000.
D'Almagro 1000.
De Herrera 3000.
De Mançanares 6500.
Del Moral 7500.
D'Obreria 4000.
D'Aymiel 2700.
De Montan Chuelos 1500.
De Pozuela 1100.
De Torroba 1300.
De Carion 1800.
De Valdepennas 3500.
Del Fuente del Moral 1000.
De Castelanos 2000.
De Alcolea 1400.
D'Almodovar del Campo
2700.

De Almoradiel   1500.
Del Puertollano   1600.
De Ballesteros   1300.
De Volannos   700.
De Jozual   1100.
De Castilleras   4500.
De las casas de Cordoüa   2500.
De las casas de Toledo   1200.
De las casas de Talavera   800.
De las casas de Plesentia   3300.
De las casas de Sevillia   3000.
Del Coral   2600.
De Viveros   3400.
Des Orita   500.
Des Canaveral   2000
De Veleja   1100.
Et de Lopera.   1600.

De sorte que ces trente-
quatre Commanderies rap-
portent quatre-vingt-treize
mille deux cents ducats de
revenu tous les ans.

L'Ordre d'Alcantara, sur-

hommé le Noble, à cauſe
qu'il faut pour y être reçû,
faire preuve de Nobleſſe de
trois races, fut inſtitué par
le Roi Fernand II. en 1177.
ſa marque eſt une croix verte
fleuronnée. Il a vingt-ſept
Commanderies qui rappor-
tent quatre-vingt-dix-huit
mille cinquante ducats de
revenu, dont voici la liſte.

La Commanderie Mayor
10500. ducats.

Celle de Claveria	6250.
D'Azauchal	2200.
De Hornos	800.
De Calamin	2200.
De las caſas de Calatrava	2500.
De Portecuelo	3200.
De la Puebla	1200.
De las caſas de Corica	1600.
De Nelis y Navara	1500,

<table>
<tr><td rowspan="17">ESPA-
GNE.</td><td>De Elgas</td><td>3500</td></tr>
<tr><td>De la Moraleja</td><td>4000.</td></tr>
<tr><td>De sancti Bannez</td><td>4000.</td></tr>
<tr><td>De la Mayora</td><td>4500.</td></tr>
<tr><td>De Paragal</td><td>1100.</td></tr>
<tr><td>De Beluys de la Sierra</td><td>1000.</td></tr>
<tr><td>De Yenfayen</td><td>1300.</td></tr>
<tr><td>De Castil-novo</td><td>4500.</td></tr>
<tr><td>De los Desmos</td><td>2000.</td></tr>
<tr><td>De Porto Galeza</td><td>1500.</td></tr>
<tr><td>Cabeca del Buey</td><td>3600.</td></tr>
<tr><td>De sancti Spiritus</td><td>2000.</td></tr>
<tr><td>De la Zalamea</td><td>4300.</td></tr>
<tr><td>De Quintana</td><td>1000.</td></tr>
<tr><td>De la Paradella</td><td>2000.</td></tr>
<tr><td>De la Galizuela</td><td>2500.</td></tr>
<tr><td>Et de Paragosa</td><td>3300.</td></tr>
</table>

L'Ordre de Saint Jacques pretend le disputer en ancienneté aux deux autres ; quelques Auteurs veulent conter son institution dés l'an 844. parce, disent-ils, que Saint Jacques apparut au Roi Don Ramire, & lui promit le gain de la bataille qui se donna prés de Lon- gronnon entre son armée & celle des Mores : mais d'au- tres ne la prennent que du jour que le Pape Alexandre III. approuva cet Ordre, qui suivoit la Regle de Saint Au- gustin, & qui lui fut presenté au nom de treize Gentils- hommes qui demandoient cette Chevalerie : cela arri- va vers l'année 1175. sous le Roi Fernand Second.

Quoi-qu'il en soit, cet Or- dre fut à juste titre appellé le riche, à cause que les Commanderies sont en beau- coup plus grand nombre & plus considerables que celles des autres. La marque de cette Chevalerie est une croix rouge en forme d'épée, il a quatre-vingt-sept Commanderies qui rapportent deux cents septante-un mille sept cents dix ducats de revenu annuel. Il est à remarquer qu'il y a trois Commanderies *Mayor*, au lieu qu'il n'y en a qu'une dans les autres Ordres. Tous les Chevaliers peuvent s'asseoir & se couvrir devant le Roi, lors qu'il tient Chapelle de l'Ordre. Voici quelles sont les Commanderies de cet Ordre.

La Grande Commanderie de Castille, qui vaut 14000. ducats.

La Grande Commanderie de Leon   12000.

La Grande Commanderie de Mon-

Montalvan 4000. **ESPA-GNE.**

La Commanderie d'Ocanna 1500

Celle de Montalegre 5000.

De Montreal 10000.

De Dos Barios 1800.

De Villa Rubia 1200.

De Viſſoria 2000.

De Viedma 1500.

D'Orcajo 40000.

De Poco rubio 1600.

De Mirabel 1310.

De Villa Major 2000.

Del Campo de Criptana 1500.

De Villa Eſcuſa de Haro 1500.

De Socuelainos 14000.

Del Coral 1600.

De ſancta Crux de la Zarca 1000.

De los baſtimentos de Caſ-tilla 2500.

Baſtimentos del campo de Montiel 3000.

ESPA- GNE.	De Aledo	4000.
	Del Caravaca	12000.
	De Zieza	1200.
	De la·Cote	6000.
	De Socobos	4500.
	De Moratalla	6400.
	De Montifon	3200.
	De Tores	1000.
	De Montiel	1800.
	De Carricofa	1200.
	De la Mambra	9000.
	De Segura	2000.
	De Veas	5000.
	De Yeste	6000.
	D'Albanchen	5000.
	Vlila Nueva	1500.
	De Demerida	4500.
	D'Albange	5200.
	D'Altuesta	2000.
	D'Ornachos	5500.
	De Palamos	1500.
	D'Oliva	1000.
	De Villa Hermoza	4000.

I D'Ozuaga   10000. **ESPA‑**
I De Guadal Canal   4200. **GNE.**
I De Puebla de Sancho Perez
   2000.
I De la Reina   4500.
I De la Fuente   2200.
I De los Santos   4300.
I De Villa Franca   1000.
I De la Bienvenida   3000.
I D'Usagré   2500.
I De Ribera   3000.
I D'Inojosa   1200.
I Bastimentos de Leon   6000.
I Las casas de Cordoua   3000.
I De la Barra   3000.
I De Castroverde   600.
I De Ponna Usende   2500.
I De Trianan   1500.
I D'Orchenta   500.
I De los Museros   400.
I De Qara y Zenete   2000.
I D'Avelino   1500.
I De Faradel   400.

ESPA-GNE.	De Sancolorio	1000.
	De Vauzette	2000.
	D'Orion	500.
	D'Estepa	6000.
	De Paracuellos	2000.
	Del Montijo	1500.
	De Mohernando	2000.
	D'Oreja	3000.
	De Lobon	1000.
	D'Estremera	800.
	De Mora	1500.
	De Nuclamo	400.
	De Murczi	500.
	De Castilleja	300.
	D'Almendralejo	2400.
	Medina de las Tores	2500.
	De Montemolin	1400.
	De Monasterio	1500.
	De Cascadilla	1500.
	De Castroverde	300.
	Et d'Aquilarejo	600.

Des Grands A l'égard des Grands d'Espagne, il y en a de trois clas-

ses ; de la premiere sont ceux qui se couvrent avant de parler au Roi ; la seconde ceux qui se couvrent aprés a-voir commencé de parler, & & la troisiéme ceux qui ne se couvrent qu'aprés avoir par-lé & s'estre retirez à leur place. Il y a quatre-vingt-treize Grandesses en Espa-gne : mais il y en a plusieurs dans une même famille, par-ce que cet honneur étant an-nexé aux Terres & Seigneu-ries, ceux qui en heritent, même les filles, heritent aussi de la Grandesse, & la con-ferent à leurs maris. Il est vrai qu'il y a des Grands qui ne l'étant qu'à vie, leur di-gnité meurt avec eux ; les uns ni les autres ne peuvent pourtant se couvrir avant que

le Roi leur ait fait signe, ce
qu'il ne manque jamais de
faire lors qu'il en est tems.

On ne fait pas grand état de
la Noblesse en Espagne, si l'on
en excepte ceux qui sont Chevaliers des Ordres Militaires,
ou s'ils ne sont revêtus de la
qualité de Duc, Comte, Marquis, &c. cependant ils ont
les uns & les autres un privilege considerable, qu'on appelle *Mayozango*, par lequel
si leurs creanciers leur font
arrêter leur revenu, ils ob-
tiennent des Juges une provision pour leur entretien &
celui de leur train, qui bien
souvent monte au delà du
revenu, & cette provision se
leve preferablement à tout
creancier.

Les Espagnols ont quantité

de domestiques, & cela ne
peut être autrement, puisqu'ils n'en congedient jamais ; car lors que le maître
ou la maîtresse viennent à
mourir, ils entrent tous au
service du plus proche heritier, ce qui augmente considerablement son train, &
incommode ses coffres : on
leur paie leurs appointemens
à tant par jour, surquoi ils
se logent & se nourissent
hors de la maison.

CHAPITRE X.

Des Conseils d'Espagne.

ON tient à Madrit plu-
sieurs Conseils dans le
Palais du Roi, & les Cham-

ESPA-
GNE.

bres sont disposées de maniere le long d'une gallerie,
que Sa Majesté peut entendre à travers d'une jalousie
tout ce qu'on y agite lorsqu'elle ne veut pas y entrer.

Conseil
d'Etat.

Le Conseil d'Etat est le premier en rang, dont le nombre de ses Conseillers n'est
pas fixé : il s'assemble tous les
Lundis & Mardis une fois,
& deux fois le Samedi.

Conseil
de Cas-
tille.

II. Le Conseil Roial de
Castille fut établi par Ferdinand III. en 1246. il s'assemble tous les Vendredis, &
prend connoissance des affaires de Castille. Il a quarante-huit Officiers.

Conseil
deguer-
re,

III. Le Conseil de guerre,
qui fut établi par Pelage en
720. s'assemble les Lundis,
Mercredis & Vendredis, pour
deli-

déliberer des affaires de la ESPA-
guerre : le nombre de ſes GNE.
Conſeillers n'eſt pas fixé.

IV. Le Conſeil Supréme Conſeil
de l'Inquiſition fut établi en de l'Iu-
Eſpagne, comme j'ai dit ail- quiſi-
leurs, en 1483. ſous le Regne tion.
de Ferdinand & d'Iſabelle ſa
femme, pour veiller à la défenſe & à la conſervation de
la Religion Catholique, A-
poſtolique Romaine.

V. Le Conſeil des Ordres Conſeil
Militaires fut érigé en 1489. des Or-
pour connoître des affaires dres.
qui regardent les Chevaleries
de Calatrava, d'Alcantara &
de Saint Jacques.

VI. Ferdinand établit en Conſeil
1494. le Conſeil d'Arragon, d'Arra-
qui fut confirmé par Char- gon.
quint en 1522. il connoît
des affaires d'Arragon, de Va-

ESPA-
GNE.

lence, de Catalogne & des Isles de Majorque, Minorque & Sardaigne.

Conseil d'Ita-lie,

VII. Le Conseil d'Italie fut érigé par Charlequint en 1555. pour connoître des affaires d'Italie ; il est composé d'un Président & de six Conseillers.

Conseil des In-des.

VIII. En 1511. on avoit déja créé un Conseil qu'on nomma *des Indes*, pour prendre connoissance des affaires du nouveau Monde.

Conseil des Fi-nances.

IX. Le Conseil des Finances qu'on appelle de la Hazienda, fut établi par Philippe III. en 1602. pour prendre soin du recouvrement & de l'administration des Finances du Roiaume. Il est composé d'un Président & de huit Conseillers.

ESPA-
GNE.

Confeil
de Mil-
lions.

X. Mais Philippe IV. pour foulager ce Confeil, qui avoit trop d'affaires fur les bras, créa en 1653. une Chambre qu'on nomma *Iunta de Millones*, qui à proprement parler n'eft que le Bureau General de recepte des droits mis fur les danrées ; & comme ils fe montent à des fommes immenfes, cela a donné lieu au mot de millions dont on a baptifé ce Confeil.

XI. Le Confeil de la Croifade fut établi en 1509. en vertu d'une Bulle du Pape Jules II. qui permettoit aux Rois d'Efpagne de lever un droit fur les Ecclefiaftiques, à condition que ces deniers feroient emploiez contre les Infidelles qui infeftoient les côtes d'Efpagne. Ce Con-

Confeil de la Croifade.

seil donne la permission de
publier des Jubilez, d'imprimer des Livres, de manger
de la viande, &c.

XII. Philippe IV. érigea
en 1628. le Conseil de Flandres, pour prendre connoissance de tout ce qui regar-
doit les affaires des Païs-Bas.

XIII. Don Alonze créa en
1341. un Conseil appellé *d'A-
posento*, qui prend soin de
loger les Officiers de la Maison du Roi, & prend con-
noissance du droit qu'a Sa
Majesté sur les premiers appartemens de toutes les Maisons de Madrit, dont je par-
lerai plus bas.

XIV. Outre le Conseil de
Castille, il y a encore le
Conseil de la Chambre de
Castille, que Charlequint

créa en 1518. pour avoir foin de rendre compte au Preſident de Caſtille, des poſtes & charges qui ſont à remplir dans les deux Caſtilles.

XV. Le même Charle-quint établit en 1545. le Conſeil de *Iunta de Boſques Reales*, pour avoir inſpection ſur les Bois & Forêts, ainſi que ſur les Maiſons Roiales, tant de la Ville que de la campagne.

CHAPITRE XI.

*Des Indes, des revenus & for-
ces d'Espagne, & des cau-
ses de sa foiblesse.*

Des
Indes.

LEs revenus des Rois d'Espagne ont tant de rap-
port au commerce des Indes,
que je me vois obligé de sortir des bornes de l'Europe,
pour passer dans le nouveau
Monde, afin de remarquer
que Christophe Colomb, natif de Genes, fut le premier
qui découvrit les Indes Occidentales en 1492. sous le
Regne de Ferdinand, à qui
le Pape Alexandre VI. donna & à ses successeurs la proprieté de tout ce grand païs

mais cette vaste donation ne peut s'entendre que du spirituel ; car à l'égard du temporel, il ne pouvoit y avoir plus de droit que les autres Princes Chrêtiens. Cependant si le Pape a pû donner aux Espagnols le bien des Indiens, parce qu'ils étoient Paiens, il semble qu'on devoit les leur rendre lors qu'ils ont reçû la foi de JESUS-CHRIST.

Sous le Regne de Charle-quint, François Pizzarre découvrit le Perou, fit prisonnier Attabalipa, qui avoit succedé a Guma Capa son pere Roi du Perou, de qui il tira une pique d'or en quaré pour sa rançon. Sous le même Regne les Espagnols passerent au Mexique, où ils

commirent des cruautez i-
noüies, non-seulement en-
vers le peuple, mais même
envers l'Empereur Qualtimac
que Cortez General des Espagnols fit mettre à la gêne,
pour découvrir de lui où l'on
avoit caché ses tresors, qu'il
ne trouvoit pas si considerables qu'il se l'étoit figuré, &
ensuite il le fit pendre. On
pourroit faire un fort gros
volume de toutes les cruautez qu'on y a pratiquées envers les pauvres Indiens, &
il ne faut pas s'étonner si les
Missionnaires Espagnols ont
fait si peu de bons Chrêtiens
en ce païs-là; & l'on remarque qu'un Indien qui avoit
déja pris quelque teinture
du Christianisme, étant à l'article de la mort alloit rece-

voir le Batême : mais aiant
demandé s'il y avoit des Ef_
pagnols en Paradis, fur ce
qu'on lui dit qu'oüi, il ré_
pondit que ce lieu ne pouvoit être un lieu de repos,
puifqu'il y avoit de fi mé-
chantes gens, & fe replon-
gea dans fon Paganifme.

La plus grande quantité
d'or & d'argent qu'on tire
des Indes, vient des mines
du Mexique, ou de celles de
Potofi en Amerique. Il eft
permis à toute forte d'Efpagnols d'en faire tirer, à condition que tout fe tranfpor-
tera en Europe fur les vaiffeaux du Roi, & que pour
droit d'enregiftrement, on
en paie dix pour cent à Sa
Majefté Catholique.

Et comme on affure qu'il

vient tous les ans plus de cent millions d'or & d'argent des Indes Espagnoles, il semble que le Roi en devroit avoir dix millions pour sa part : cependant il est certain qu'il n'en a pas deux millions & demi, une année portant l'autre, parce que les Marchands s'accommodent avec les Capitaines des galions, qui avant d'arriver à Cadix, sont rencontrez par des vaisseaux François, Anglois, Hollandois ou Genois que les Interessez ont envoié à leur découverte, sur lesquels les Capitaines déchargent ce qui n'a pas été enregistré ; ainsi le Roi se trouve frustré de ses droits, & il n'y a que les Etrangers qui profitent des richesses du nouveau Monde.

Car quoi-qu'il n'y ait que les Espagnols qui aient la liberté de negocier dans les Indes de la domination de Sa Majesté Catholique ; ceux-ci sont trop faineans, & ne font que prêter leur nom aux Etrangers qui leur donnent une petite portion au gâteau : & ce n'est pas sans raison qu'à cet égard on a consideré l'Espagne comme la bouche de l'Europe, par laquelle toutes les richesses du nouveau Monde passent pour se communiquer aux autres parties du corps : d'autres l'ont comparé à l'âne d'Arcadie, qui bien-que chargé d'or, ne broutoit que des chardons.

Ainsi il ne faut pas s'étonner si l'on voit plus de pistoles dans les païs étrangers qu'en Espagne, outre la quantité qu'on en fond en France & en Angleterre, pour fraper des loüis & des guinées ; car comme les Espagnols ont besoin des draps, toiles & autres marchandises de leurs voisins pour envoier aux Indes, on les leur fait paier en or & en argent.

Si le Roi d'Espagne ne tire pas de grands profits des Indes, ceux que lui rapportent ses Etats au Païs-Bas & en Italie ne sont pas fort considerables, puisqu'ils ne suffisent pas pour y entretenir les forces necessaires à leur seureté. Enfin on asseure que tous les revenus que Sa Majesté Catholique tire d'Espagne, des Indes, des Païs-

Bas, de Naples, de Sicile, de
Milan & de ſes autres Etats, ne
ſe montent qu'à vingt-quatre millions huit cent vingt-
deux mille livres tous les ans
en tems de paix ; auſſi eſt-il
certain que ce n'eſt pas par
ſes propres forces qu'il con-
ſerve ſes Etats, mais par celles de ſes voiſins & alliez.
Ce revenu ſe prend principalement ſur les droits d'entrée
& de ſortie, ſur les impôts mis
ſur les danrées, n'étant permis qu'aux Commis des Fermiers de vendre du pain, du
vin & de la viande. Le Roi
tire auſſi un profit conſide-
rable du papier timbré, parce que chaque feüille ſe vend
à proportion de l'uſage qu'on
en fait : par éxemple, ſi c'eſt
pour un contract de peu de

ESPA-
GNE.

conſequence , le papier ne coûte que trois, quatre ou ſix ſols la feüille : mais ſi c'eſt pour un teſtament, pour un mariage, pour une obligation ou une quittance, il faut prendre du papier à proportion du capital de ce que l'acte contient ; de ſorte qu'une feüille de papier coûte ſouvent vingt-cinq à trente écus ou davantage.

Ses forces.

Ses forces maritimes ne ſont plus en aucune reputation, & cette Monarchie n'eſt à proprement parler qu'une ombre de ce qu'elle a été autrefois. J'ai déja remarqué que depuis long-tems on n'avoit pas vû huit mille Eſpagnols à la fois dans une armée ; & on peut dire la même choſe à l'égard de ſes

forces de mer, puisque depuis plus d'un siecle on n'a
pas vû vingt-cinq vaisseaux
de guerre Espagnols sous un
même Amiral.

Les levées de gens de guerre se font ici comme les levées de deniers en France,
c'est-à-dire qu'il y a des Trai-
tans, qui s'obligent de fournir un certain nombre d'hommes & de chevaux dans un
tems limité. Il est à remarquer
que l'on coupe une oreille
à tous les chevaux destinez
à monter la cavalerie Espagnole, étant défendu sous peine de la vie, d'acheter de
tels chevaux, sans une permission de la Cour : mais les
cavaliers qui sont en Catalogne leur coupent l'autre o-
reille, & les vendent à des

gens qui les menent en France : à quoi les Officiers donnent d'autant plus volontiers
les mains, qu'ils ont une partie de l'argent, & laiſſent
l'autre aux cavaliers en dé-
duction de leur paie. L'in-
fanterie Eſpagnole a toûjours
paſſé pour bonne : mais ſa
cavalerie n'eſt pas eſtimée.

De toutes les pertes que
les Eſpagnols puiſſent faire
des terres de leur domination, il n'y en a point qui
leur ſoit plus ſenſible que
celle de Catalogne : auſſi laiſ-
ſent-ils le ſoin de la défenſe
des Païs-Bas & de leurs Etats
en Italie, aux Princes qui en
ſont les plus voiſins, & s'at-
tachent ſeulement à conſer-
ver leurs frontieres en Catalogne, Navarre & Biſcaie.

J'ai

J'ai déja remarqué que la principale cause de la foiblesse d'Espagne, est la paresse de ses habitans, aussi-bien que la trop grande étenduë de païs que les derniers Rois d'Espagne ont possedé : car personne n'ignore que tout l'or & l'argent qu'on a tiré des Indes, ne suffiroit pas pour paier les hommes que l'Espagne a perdu depuis un siecle, tant dans le nouveau Monde que dans ses autres Etats de l'Europe ; & on pourroit bien mettre au nombre des causes de sa foiblesse, le mauvais usage que l'on y fait de ses finances, puisque chacun tâche de s'y enrichir, & on n'y songe au bien public qu'aprés que ceux qui ont

ESPA-
GNE.

Sa foi-
blesse.

le maniement des affaires ont
travaillé au leur particulier.

CHAPITRE XII.

Des combats de Taureaux, des Comedies & autres divertissemens d'Espagne.

LES Espagnols ont conservé beaucoup de coûtumes des Mores : mais celle
où l'humeur sanguinaire &
la cruauté inveterée de ces
Barbares paroît le plus, est
la course des Taureaux, comme elle se pratique encore
à Alger, à Tunis & dans les
autres principales Villes d'Afrique.

On prend ces Taureaux

dans les montagnes d'Andaloufie ; & pour les attirer hors
des forêts, on y envoie de
certaines vaches dreſſées à
cela, qui les menent dans des
chemins paliſſadez, qui con-
duiſent de ces forêts juſqu'à
Madrit. Ceux qu'on choiſit
pour le combat ſont marquez
quelques jours auparavant
d'un fer chaud à la cuiſſe, &
d'un coup de ciſeaux à chaque oreille.

Le jour du combat on les
mene dans ia Place Mayor
de Madrit, qui eſt environnée d'une barriere ; le Roi
y a ſon balcon, & en fait
loüer pour les Miniſtres E-
trangers & pour les autres
perſonnes de la premiere qualité, à qui Sa Majeſté veut
donner ce divertiſſement. Le

signal donné, on amene un
Taureau dans la place, & a-
lors ceux qui font deftinez
pour le combattre vont l'attaquer : mais il eft bon de
remarquer qu'il y a de deux
fortes de combattans, les uns
à pied & les autres á cheval ; il faut que ceux-ci foient
gentilshommes. Il n'eft pas
permis de tirer l'épée contre
le Taureau qu'il n'ait auparavant infulté le cavalier,
comme de lui arracher fa
lance, faire tomber fon chapeau, ou qu'il l'ait bleffé lui,
fon cheval ou quelqu'un de
fes gens ; en ce cas il eft obligé de vanger l'affront qu'il
vient de recevoir. Les autres
cavaliers qui font dans le parc
ne peuvent feconder celui
qui combat, mais feulement

prendre sa place lors qu'il a
été tué ou blessé : à la reserve
que si le Taureau vient les
attaquer le premier , celui
qui se trouve insulté se tient
pour appellé au combat. Lors
qu'il y a quelqu'un de blessé
ou de mort , on l'emporte
hors du parc au bruit des
trompettes & autres instrumens , sans interrompre la
fête, qui continuë jusqu'à ce
que le Roi dise c'est assez.
Le plaisir que les Espagnols
y trouvent n'est considerable
que par la quantité de sang
répandu ; car la mort de deux
ou trois hommes n'est con-
tée pour rien. Ceux qui com-
battent à pied leur lancent
des fléches entrelassées avec
du papier ; & lors que le Taureau en a cinq à six plantées

dans le cuir, on met le feu
au papier, qui ne contribuë
pas peu à redoubler fa fu-
reur & fes mugiffemens.

Quoi-que les Comedies
des Efpagnols foient les plus
pauvres du monde, on a
moins de fraieur & on court
moins de rifque à ce diver-
tiffement qu'à l'autre. On
les reprefente à la clarté du
Soleil, afin d'aller à l'épar-
gne : auffi les acteurs ne ga-
gnent-ils pas affez pour avoir
des bougies, n'aiant qu'environ un fol & demi de douze que chaque perfonne
donne, le refte étant pour
l'Hôpital ou pour la Ville.
Pendant le carnaval les plus
galans ont des coquilles d'œuf
remplies d'eau de fenteur,
qu'ils jettent par civilité à

leurs maîtreſſes, & quoi-que
l'odeur en ſoit agreable, l'hu-
midité ne laiſſe pas d'incom-
moder.

Leurs autres divertiſſemens
ſont le jeu ou la promenade :
la plus belle de Madrit c'eſt
celle du Cours, qu'on ap-
pelle le Prado, embelli de
trois ou quatre fontaines
d'eau vive. Il eſt permis à toute ſorte de gens même à des
inconnus, de s'approcher de
la portiere des carroſſes des
Dames, lors qu'il n'y a point
d'hommes avec elles. Il y a
encore les promenoirs *d'al*
Rio & de la *Calle Mayor*, qui
ſont aſſez agreables. Lors que
le Roi eſt à la promenade, ou
que l'on rencontre ſon car-
roſſe, il faut par reſpect fermer les rideaux du ſien. C'eſt

dans ces sortes de promena-
des où les Amans se donnent
des rendez-vous ; car quelque soin qu'y prennent les
peres & les maris, on ne laisse
pas d'y voir beaucoup de
femmes d'une moiennne vertu.

Cela me fait souvenir des
Cantonneras de Madrit, & il
vaut autant que je place leur
article ici que dans un autre

endroit ; c'est de ce nom que
l'on appelle les bordels pu-
blics de Madrit : ils font ce
mêtier de l'autorité des Magistrats , qui paient même
pension aux personnes qui
font emploiées dans ces sortes
de maisons. Il y en a dans sept
à huit endroits de la Ville, à
ce que l'on m'a dit ; ceux qui
les vont voir font obligez de
leur

leur paier six sols par visite; avant d'entrer il faut laisser l'épée & le poignard à la porte, qu'une vieille matronne garde ; & un nouveau chalant connoissant à cela que la place est prise, n'oseroit y entrer jusqu'à ce que le premier en datte soit sorti, ce qui se pratique pour y éviter les querelles. Les Medecins sont obligez de visiter ces miserables, & dés qu'il y en a quelqu'une d'incommodée, elle doit être traitée aux dépens de la Ville & ne peut servir au public qu'aprés son entiere guerison ; car la vieille dont j'ai déja parlé, est ordonnée pour avertir le Magistrat & les Medecins, lors qu'il y en a quelqu'une malade. On les

mene un Vendredi du Carê-
me à l'Eglise des Repenties,
pour entendre un Sermon
qu'on leur fait sur l'histoire
de la Madelaine : s'il y en a
quelqu'une qui veüille se re-
tirer de cette vie debau-
chée, on les reçoit dans le
Convent pour y faire penitence ; mais il y en a peu
qui veüillent abandonner
leur lubricité, si l'âge ne les
y force.

CHAPITRE XIII.

Des deux Castilles & de l'Estramadure.

ON divise ordinairement la Castille en vieille & nouvelle, à cause que celle-là fut la premiere délivrée du joug des Mores : on a joint l'Estramadure à la nouvelle Castille, quoi-qu'elle fût déja une des plus gran-des Provinces d'Espagne ; ce païs qui est situé au douzié-me degré de longitude & au trente-neuviéme de latitude, est borné au Levant par les Roiaumes de Valence d'Ar-agon, de Navarre & partie de la Biscaye : au Couchant

Castille

par la Galice & le Portugal,
au Nort par les Asturies &
partie de la Biscaye, & au
Midi de l'Andaloufie, de
Grenade & de Murcie. Il
faisoit autrefois un Roiaume
particulier ; mais il fut réuni
à l'Arragon par Ferdinand &
Isabelle en 1474. le païs est
montagneux & fort ingrat,
si ce n'est dans les valons où
l'on recueille un peu de bled,
de vin & quelques fruits.

La vieille Castille a pour
capitale Burgos avec titre
d'Archevêché, qui porte
quarante mille ducats de revenu : elle tient le premier
rang dans les Etats des deux
Castilles, quoi-que Tolede le
lui dispute : Il y a un fort beau
pont sur la Duera, qui joint
la Ville avec le Fauxbourg.

Ses principales Villes sont
Salamanque , une des cele-
bres Univerſitez d'Eſpagne :
& Validolid qui a été autrefois le ſejour des Rois de Caſtille : on y voit des machines,
qui à la faveur des pompes
élevent l'eau de la riviere &
la portent dans les jardins
du Palais que Philippe IV.
y a fait bâtir.

La nouvelle Caſtille a eu
pour ſa capitale Tolede , qui
l'étoit autrefois d'un Roiaume de même nom : mais Ma-
drit lui diſpute aujourd'hui
cette qualité, à cauſe que les
Rois d'Eſpagne l'ont choiſie
pour y tenir leur Cour ; cependant dans les aſſemblées
des Etats , Tolede y tient un
des premiers rangs & Madrit
n'y paroît que comme un
bourg.

Tolede

N iij

L'Archevêque de Tolede
prend le titre de Primat d'Espagne ; il a trois cent mille
ducats de revenu annuel.
Cette Ville est celebre par
plus de vingt Conciles qu'on
y a tenu ; elle est située dans
les montagnes , coupée en
deux par la riviere du Tage,
sur laquelle on a bâti deux
beaux ponts , dont les fon-
demens sont sur le roc. On y
voit encore les restes d'u-
ne machine avec laquelle
les Mores faisoient autrefois
monter l'eau du Tage, d'où
on la distribuoit dans la Ville
mais par la negligence des Espagnols, elle est toute ruinée.
Il y a un bon château où Philippe IV. tint long-temps le
Duc de Lorraine prisonnier ;
sa Cathedrale est une des bel-

les Eglises d'Espagne, & a des
richesses inestimables dans
son tresor, entr'autres une
robe de la sainte Vierge cou-
verte de perles & bordée de
diamans, de rubis & d'éme-
raudes. A demi lieuë de Tolede on voit les mazures de
cette Tour enchantée, que
le Roi Rodrigue fit ouvrir,
& dont j'ai fait le détail dans
le chapitre second de ce volume.

A quelques lieuës de la Ville, on trouve la *Dehessa de
las cien donzellas*, c'est à dire
la Forest des cent Filles. A
l'entrée & à la sortie de cette
forest, on voit gravé sur une
grande pierre, l'explication
de ce nom ; je vai en donner l'histoire en abregé à
ceux qui l'ignorent.

N iiij

Les Mores aiant envahi
l'Espagne, ils firent un traité
avec Moregat Roi de Leon,
qui s'engagea de leur paier
un tribut annuel de cent filles
chrêtiennes, cinquante nobles & cinquante roturieres,
ce que les succeſſeurs de Moregat executerent juſqu'au
Roi Ramine, qui refuſa de
le paier en huit cent quarante
quatre, d'autres diſent que ce
fut D. Bermude en ſept cent
quatre-vingt-onze. Quoi qu'il
en ſoit les Mores mettoient ces
filles dans un château qui é-
toit dans cette Foreſt juſqu'à
ce qu'ils les euſſent envoiées
en Affrique, ou en euſſent
autrement diſpoſé à leur vo-
lonté : mais ce tribut fut entierement aboli depuis que
quelques cavaliers de Galice

défirent les Mores qui venoient pour le recevoir, proche de Modoguedo, dans une campagne remplie de figuiers ; ce qui fit donner le nom de Figueroas aux Liberateurs de ce fexe ; & c'est là l'origine de la maison de Figueroas, qui est encore une des plus illuftres d'Efpagne.

Aprés que le Royaume fut entierement délivré de la domination des Morifques, le Cardinal Zirixeo, Archevêque de Tolede, acheta ce Château & la Forêt, en l'année 1573. & y fit bâtir un Convent pour cent filles moitié nobles & moitié roturieres, en memoire de cet infame tribut, qui étoient obligées de faire preuve qu'elles defcendoient d'anciennes famil

les chrêtiennes, sans mélange de Mores ni de Juifs. Ce
Convent qui a plus de trente-
cinq mille ducats de revenu,
fut ensuite transferé à Tolede
où il est encore ; on y met
ces Filles à l'âge de sept ans :
lors qu'elles sont en âge de
marier, si elles en veulent
sortir pour se ranger sous
l'himenée, on donne mille
écus de dotte aux roturieres,
& deux mille aux nobles.

Proche de la petite ville de
Barchon de Laye en Castille,
on voit un Château qu'on
trouva sous terre dans une
montagne voisine en 1657.
d'une maniere assez singulie-
re.

Un homme, qui je crois vit
encore, du moins n'y a-t-il
qu'environ six ans qu'un de

mes amis lui a parlé ; cet homme, dis-je, rêvoit toutes les nuits pendant un fort long temps, qu'il voioit au haut de cette montagne, un château dont le maître & la maîtresse lui montroient un endroit aux environs où il y avoit quantité d'or & d'argent caché : enfin laſſé de faire toûjours le même ſonge, il obtint permiſſion des Magiſtrats de faire creuſer dans l'endroit que ſa viſion lui indiquoit ; on arracha les arbres qui s'y trouvoient, & à peine avoit-on creuſé douze ou quinze pieds, qu'on commença à trouver des murs. Le Magiſtrat fit continuer ce penible ouvrage, & par ce moien on découvrit ce château tel que le ſongeur l'avoit dépeint, &

tel qu'on le voit encore aujourd'hui , composé d'une
court , de deux degrez , de
plusieurs chambres , d'un
moulin à bras , d'une cave
& d'un puits, dans lequel on
trouva des os de geant & de
grosses lames d'épées : mais
je n'ai pû apprendre la raison qui les avoit empê-
chez de chercher le tresor, à
moins que ce ne fût la trop
grande dépense qu'il faloit
faire pour anatomiser cette
montagne. Ceux à qui cette
histoire paroîtra fabuleuse,
pourront aller sur les lieux,
ou s'informer de la verité de
la chose de ceux qui y ont
été : car , comme elle est ar-
rivée de nos jours, il y a encore une infinité de monde qui
ont vû l'endroit de ce Châ-

teau en terre labourable,
avec de fort gros arbres.

Segovie est une des Villes
considerables de la vieille
Castille, & étoit autrefois le
sejour de ses Rois ; elle étoit
commandée d'un vieux châ-
teau bâti sur le roc, qui a été
plus fort qu'il n'est aujour-
d'hui. Il y a deux choses assez
remarquables en cette Ville ;
la premiere est son aqueduc
de deux rangs d'arcades les
unes sur les autres ; il est d'u-
ne prodigieuse longueur, &
sert à porter l'eau dans toute
la Ville : cet ouvrage que les
Espagnols mettent au nom-
bre des merveilles, n'est pas
un effet de l'industrie des
Mores, puis qu'il étoit en état
avant qu'ils passassent en Espagne : quelques-uns l'attri-

buent au Roi Hispalus , d'autres à l'Empereur Trajan , &
d'autres enfin à Licinius Gou-
verneur d'Espagne sous Ves-
pasien. La seconde chose remarquable de cette Ville , est
son Hôtel des monnoies , où
l'on se sert pour la fraper,
d'une machine que l'eau fait
agir. Chaque particulier a
droit d'y faire fraper la monnoie qu'il veut au poids & titre de celle de Sa Majesté,
pourvû qu'il fournisse l'or ou
l'argent , & qu'il paie un petit droit , qui se consume à
l'entretien de l'Hôtel ; ainsi
le Roi n'en tire aucun profit.

CHAPITRE XIV.

*De la ville de Madrit & de
ses maisons Roiales d'Aranjuez & de l'Ecurial.*

Adrit sur la petite ri-
viere de Monzanares,
est reconnuë pour la capitale
de toute l'Espagne, depuis que
Philippe II. & ses successeurs
y ont fait leur sejour ordinai-
re : elle étoit autrefois enceinte de murailles de cail-
lous, ce qui a donné occasion aux Espagnols de dire
qu'ils avoient une ville enceinte de murailles de feu,
comme je l'ai remarqué ailleurs : mais elle n'en a point
dans les endroits où elle a été

Madrit.

agrandie. L'air y est fort sain
& l'eau de sa riviere si estimée, qu'autrefois D. Juan en
faisoit venir aux Païs-bas pour
sa boisson.

Ceux qui ont dit que Ma-
drit étoit aussi grand que Paris, s'en sont rapportez sur la
foi de quelque Espagnol, qui
n'avoit peut-être jamais vû
ni l'une ni l'autre de ces deux
Villes : il s'en faut de beau-
Circuit coup qu'elle ne l'égale en
grandeur ni en magnificence;
car Madrit, en y comprenant
ses maisons & ses jardins qui
lui servent de fauxbourgs, n'a
que quinze mille six cens pas
communs de circuit ; au lieu
que l'enceinte de Paris , y
compris ses fauxbourgs, en a
26850.

Quoi-que la petite riviere
de

de Manzanares soit presque
à sec en été, Philippe II. ne
laissa pas d'y faire bâtir un
pont qui couta plusieurs mil_
lions ; ce qui a donné sujet de
dire, qu'il faudroit vendre le
pont pour acheter de l'eau
pour la riviere. Les ruës de
Madrit sont ordinairement
mal pavées & fort sales, car
on y jette tous les immondi-
ces. Les maisons sont bâties
de terre fort basses, n'y aiant
à la plûpart que le plein pied
& un galatas au dessus ; parce que le premier apparte-
ment de toutes celles que l'on
bâtit, appartenant de droit
au Roi, à moins que le pro-
prietaire ne l'achete de Sa
Majesté ; il y en a peu qui
veüillent faire cette dépense ;
aussi lors qu'on voit un Palais

ESPA-
GNE.

Son
pont.

Ses
mai-
sons.

ESPA-
GNE

ou une maison qui a un peu
d'apparence , on peut juger
à coup seur , qu'elle a été bâtie par quelque personne de
qualité à son retour des Vice-
Roiautez ou Gouvernemens
qu'il a eus aux Indes , aux
Païs-bas,ou dans les Etats du
Roi Catholique en Italie.

Place
Mayor

La place Mayor est la plus
belle de la Ville : elle n'est
pas si grande que la place
Roiale de Paris ; elle est environnée des plus belles maisons de la Ville , qui sont élevées de six à sept étages, sans
cimetrie , avec quantité de
balcons, d'où on voit en seureté les courses de taureaux.

Des Pa-
lais du
Roi.

Le Palais où loge le Roi
est fort spacieux, mais la magnificence ne répond pas à
la grandeur des Rois d'Espa-

gne , & on peut affurer que
Sa Majefté Catholique a des
fujets dans Madrit , logez
plus commodément qu'elle &
mieux meublez : ce n'eft pas
que fa fituation ne foit tres-
avantageufe , & avec peu de
dépenfe on le rendroit une
des belles maifons de l'Europe. Il y a encore le Palais de
bonne retraite , ou *Buenretiro*,
qui eft un lieu fort agreable,
y aiant une grande allée d'or-
maux qui conduit au Prado.
On y voit fur une plate forme la ftatuë de Philippe IV.
fur un cheval de bronze ; fon
parc eft muni de toute forte
d'animaux étrangers , comme
Elephans, Lions, Chameaux,
Auftruches , &c.

   L'Eglife Cathedrale de Madrit eft dediée à N. D. l'Au-

tel de la Chapelle de la Vierge & la baluſtrade ſont d'argent maſſif. On y voit une
ſtatuë de la ſainte Vierge que
ſaint Jacques y porta de la
Terre Sainte, qui la cacha
dans une tour de Madrit, &
on dit que les Mores aiant
aſſiegé la Ville, ils étoient à
la veille de la prendre par
famine, lors que s'étant fait
une ouverture à cette tour,
les habitans s'apperceurent
qu'elle étoit pleine de bled,
ce qui obligea les Mores de
lever le ſiege.

Comme j'ai déja parlé de
la Cour & du Gouvernement
d'Eſpagne, je paſſe aux maiſons Roiales d'Aranjuez &
de l'Ecurial, qui peuvent
paſſer pour belles en Eſpagne, & pour mediocres en

France : l'économie Espa-
gnole ne permet pas qu'elles
soient meublées ; mais lorsque la Cour y doit aller, on
dégarnit quelques appartemens du Palais, pour les aller
meubler , & on y porte jufqu'à des bois de lit.

Aranjuez est dans la plus
belle situation de la Castille,
entre les rivieres du Tage &
de Xarama , qui se joignent
au dessous ; il n'y a rien de
remarquable dans les appartemens, si on en excepte quelques peintures passablement
bonnes : toute la beauté est
renfermée dans le Jardin &
dans le Parc , où il y a des
allées d'arbres plus longues
qu'aucunes qu'il y ait à Ver-
failles. Elles sont ornées de
nombre de statuës de bron-

ze qui font autant de jets d'eau ; il en fort d'un mont Parnaſſe qu'on voit dans un Etang : il y a un cupidon dans un autre endroit, qui fait fortir autant de jets d'eau de fon carquois qu'il y a de fleches : ce qui furprend le plus ce font certains jets d'eau qui fortent du haut de pluſieurs gros arbres, où l'on a conduit l'eau par des tuiaux attachez imperceptiblement, élevez de plus de foixante-dix pieds. Parmi les plus belles ſtatuës on doit admirer celle de D. Juan d'Autriche qui a été faite, dit-on, d'une pierre qu'on trouva dans un vaiſſeau Turc aprés la victoire de Lepante, qui jette de l'eau par fes cheveux. Les fontaines de Diane, de Ga-

nimede, de la Jalousie & des
Arpies, ont toutes leurs beau-
tez particulieres ; on voit sur
les bords de cette derniere,
ce brave Romain qui se tire
à loisir une épine du pied
qu'il avoit prise en courant
porter la nouvelle au Senat
du gain d'une bataille, & qui
aima mieux en souffrir la
douleur pendant le reste du
chemin, que tarder un mo-
ment d'annoncer une si a-
greable nouvelle à ses com-
patriotes.

Le Concierge d'Aranjuez
nous donna un de ses gens,
pour nous mener voir une
des belles machines du monde, à ce qu'il nous dit ; mais
nous fumes extrêmement surpris lors que nous reconnu-
mes que ce n'étoit qu'un mou-

lin à scier des planches, que
l'eau du Tage fait mouvoir ;
car cet Espagnol, qui appa-
remment n'avoit jamais perdu de vûë le clocher de son
village, ne pouvoit compren-
dre comment ces scies pouvoient agir, sans le bras continuel de l'homme.

Aprés la bataille de saint
Quentin Philippe II. fit deux
vœux, qu'il accomplit exac-
tement, le premier de n'aller plus à la guerre, & le second de faire bâtir un Convent en la place où on en
avoit brûlé un appartenant
à l'Ordre de saint Jerôme,
proche d'un village nommé

l'Ecurial à sept lieuës de Madrit. Comme c'est un endroit
où la pierre est fort commu-
ne, on ne l'a pas épargnée ;
car

car le bâtiment est d'une si
vaste étenduë, qu'il comprend
dix-sept Cloîtres, vingt-deux
Courts, & onze mille fenêtres, flanqué de quatre Tours
aux quatre coins. Cependant
les Religieux occupent presque tout ce bâtiment, & les
appartemens du Roi & de la
Reine ne répondent pas à la
grandeur de Philippe Se-
cond, qui se vantoit que du
pied de la montagne de l'E-
curial, il commandoit & se
faisoit obéïr dans le vieux &
nouveau Monde. Ce bâti-
ment a couté six millions
deux cent mille ducats, outre
le Pantheon que Philippe IV.
a fait bâtir.

Sur le portail de l'Eglise,
on y voit les figures en marbre blanc de six Rois d'Is-

raël ; sçavoir, Japhet tenant
une hache à la main, Eze-
chias un navire, David une
harpe, Salomon un livre,
Josias un papier, & Manasse
un compas. On monte au
Maître-Autel par plusieurs
degrez de marbre rouge ; il
est orné de seize colomnes
de Jaspe, qui s'élevent jusqu'à la Nef. Le Tabernacle
est fort grand & magnifique,
soûtenu par huit colomnes
de Jaspe, travaillées en pointe
de diamans ; le Ciboire est
orné de perles d'Orient &
d'autres pierreries. A côté
d l'Evangile, on voit la Statuë de bronze dorée de Charlequint avec son Manteau Im-
perial, à genoux, aiant auprés
de lui l'Imperatrice sa femme, Dona Maria sa fille, &

les Reines de France & de
Hongrie ſes ſœurs. Du côté
de l'Épître, on voit la Statuë
de Philippe II. la Reine Dona Anna ſa quatriéme & derniere femme, Dona Iſabelle
ſa troiſiéme femme, & la
Reine Dona Maria Princeſſe
de Portugal.

ESPAGNE.

Philippe IV. fit augmen-
ter cette Egliſe d'une Chapelle pour la ſepulture des
Rois & Reines d'Eſpagne,
qu'on appelle Pantheon, à
cauſe qu'elle eſt de la figure
du Pantheon de Rome : elle
a trente-cinq pieds de dia-
metre, & trente-huit de
haut, toute incruſtée de marbre noir. Il faut remarquer
que comme on n'y enterre
que les Rois & les Reines qui
ont donné des ſucceſſeurs à

Pantheon.

la Couronne, on n'y a pas
mis la derniere Reine ; elle
est dans une autre voute sous
le milieu de l'Eglise, où il y a
toute apparence que le Roi
Charles II. son Epoux, lui
tiendra un jour compagnie,
veu qu'il n'a pas encore eu
d'enfans de sa seconde femme, quoi-qu'elle soit d'une
des plus fecondes familles
d'Allemagne.

Il y a vingt-six Tombeaux
de marbre noir dans le Pantheon, pour y loger autant
de corps : mais il n'y a encore au côté droit que ceux
de quatre Rois, qui sont Charlequint, Philippe II. Philippe III. & Philippe IV. & à
côté gauche on voit ceux de
l'Imperatrice Isabelle de Portugal, & des Reines Dona

Anna quatriéme femme de
Philippe II. Dona Margue-
rita femme de Philippe III.
Elisabeth de France premiere
femme de Philippe IV. &
fille d'Henri le Grand.

Lors qu'on porte quelque
corps de la Famille Roiale à
l'Ecurial, le Pere Prieur à la
tête de tous ses Moines, demande au conducteur de la
pompe funebre de qui est ce
corps ; à quoi il répond, *c'est
le corps de* .... *& voilà l'ordre que je vous apporte du Roi
ou de* .... *pour lui donner
place dans la Sepulture Roiale.*
Mais le Moine ne se conten-
tant pas de cela, le fait jurer que c'est le même corps
dont il est parlé dans l'ordre qu'il vient de lire.

Ces Moines sont de l'Or-

P iij

dre de Saint Hierosme, que le
Pape Gregoire XI. approu-
vat en 1374. Ils ont une tres-
belle Biblioteque à l'Ecurial,
divisée en trois salles, où
l'on compte plus de dix huit
mille volumes bien reliez &
peu lûs. Dans une de ces
salles il y a plus de trois mille
Manuscrits Arabes, qui ne
traitent que de la Religion
des Mores : mais la lecture
en est défenduë, & ils ne servent que d'ornement.

CHAPITRE XV.

Du Roiaume de Leon, de la Galice & des Asturies.

LE Roiaume de Leon a reçû son nom de sa Ville Capitale ; il a environ cinquante-cinq lieuës de long & quarante de large : il est borné à l'Orient & au Midi de la vieille Castille, du Portugal & de la Galice à l'Occident, & des Asturies au Septentrion. On y trouve de fort belles Turquoises proche de Zamora. Sa Ville Capitale n'a rien de fort remarquable que son Evêché suffragant de Compostelle.

Leon.

P iiij

La Province de Galice a-
voit autrefois titre de Roïau-
me ; elle est bornée de l'O-
cean, à l'Occident & au Septentrion, du Portugal au Midi, de Leon & des Asturies
à l'Orient : elle peut avoir
cinquante lieuës de long &
quarante de large. On y trouve quantité de sources d'eau
chaude, qui font que l'air
n'y est pas sain. On y trouve
des mines d'or, de cuivre, de
plomb, de fer & de vermillon, & la mer est fort pois-
sonneuse sur ses côtes.

Sa Ville Capitale est Compostelle, avec un Archevêché de quarante mille ducats
de revenu : elle est fameuse
à cause des pelerinages qui
s'y font à Saint Jacques. On
dit que ce Saint Apôtre aiant

été envoié en Espagne pour y prêcher l'Evangile, fut martirisé à Compostelle; qu'en 835. on trouva son corps dans cette Ville; qu'en 844. il apparut au Roi Ra-mire, pour l'asseurer de la victoire contre les Mores, s'il refusoit de leur paier le tribut de cent filles Chrê-tiennes, dont j'ai parlé dans le chapitre XIII. & que de ce tems-là l'Espagne a pris ce Saint pour son patron.

Quoi-qu'il en soit, Al-fonse fit bâtir une superbe Eglise à Compostelle, & ob-tint une bulle de Leon III. pour y transferer le Siege d'Isia. On voit une main empreinte dans la pierre d'un des piliers de cette E-glise, qu'on dit être celle de

ESPA-GNE

Nôtre Seigneur, qui prit cet édifice par ce pilier, pour changer l'affiette de l'Autel, qui étoit à l'Occident, & le mettre à l'Orient. Outre les Reliques de l'Apôtre, on fait voir au-deffus de l'Eglife une Croix de fer, fous laquelle les Pelerins paffent le ventre à terre, & enfuite on leur coupe un morceau de leur habit, qu'on met au-deffus de la Croix. Il y a une Chapelle Françoife, & les Pelerins de toute forte de Nations font reçûs dans l'Hôpital General.

Aftu-ries.

A l'égard des Afturies, cette Province n'eft confiderable qu'à caufe qu'elle a été le refuge de Pelage & des autres Chrêtiens qui ne voulurent pas fe foûmettre à

la domination des Mores, & ESPA-
parce qu'elle a l'honneur de GNE.
voir porter son nom aux
premiers Infants d'Espagne,
presomptifs heritiers de la
Couronne. Cette Province
peut avoir quarante-huit
lieuës de longueur, & dix-
huit dans sa plus grande largeur. Elle a la Biscaie à l'O-
rient, l'ancienne Castille &
Leon au Midi, à l'Occident
la Galice, & l'Ocean au Septentrion. Oviedo en est la Oviedo
Capitale : elle est ornée d'un
Siege Episcopal, & avoit autrefois titre de Roiaume.

CHAPITRE XVI.

De la Biscaie & de la Navarre.

Biscaie. ON connoissoit autrefois la Biscaie sous le nom de Cantabrie, & alors elle étoit bien plus étenduë qu'elle ne l'est aujourd'hui : elle est bornée à l'Orient par la riviere de Bidassoa, qui la separe de la France, au Septentrion par la mer de Biscaie, au Midi par la Navarre & l'ancienne Castille, & à l'Occident par les Asturies. On y trouve quantité de mines de fer & d'acier, dont les habitans font un grand trafic ; car on asseure qu'on

fabrique tous les ans dans ESPA-
cette Province plus de trois GNE.
cent mille quintaux de ces
metaux qu'on tranſporte dans
les Païs Etrangers.

Sa Ville Capitale eſt Bil- Bilbao.
bao, un des meilleurs Ports
d'Eſpagne, où les Etrangers
font un grand commerce,
auſſi-bien qu'à Saint Sebaſ_
tien, qui eſt un autre Port S. Se-
dans la même Province : mais baſtien.
comme les gros vaiſſeaux ne
peuvent pas entrer dans ce-
lui-ci, ils reſtent dans la plage
qui en eſt éloignée d'environ demi lieuë. Il eſt à remarquer que les Etrangers qui
negocient à Saint Sebaſtien
n'y peuvent pas tenir de maiſon en leur particulier : mais
ſont obligez de loger chez
les bourgeois, depuis que les

Flamans aiant commencé d'y trafiquer, donnerent par liberalité ou gratification, un pour cent à leurs hôtes de toutes les marchandises qu'ils vendoient, & les Espagnols se sont fait un droit de cette honnêteté.

Fontarabie.

La riviere de Bidassoa est fameuse en ce qu'elle fait la separation de l'Espagne & de la France vers Fontarabie, qui la borde d'un côté & appartient aux Espagnols, & Andaye sur l'autre bord est aux François. On la passe dans une barque ; les François prennent les droits de ceux qui vont en Espagne, & les Espagnols le tirent de ceux qui passent en France. Cette riviere forme la petite Isle des Faisans, où la paix fut concluë entre les deux Couronnes en 1659.

Il y a un petit village prés de Fontarabie nommé Renteri, qui n'eſt habité que par des filles, où elles ne ſouffrent ni hommes ni femmes. Elles ont la conduite des bâteaux qui montent & deſcendent la riviere, dont elles s'acquittent parfaitement bien : auſſi nagent-elles mieux que des hommes.

Ceux qui entrent en Eſpagne par la Biſcaie, ne manquent jamais d'aller voir le Château de Nios, qui eſt inhabité depuis (à ce que diſent lès bonnes gens du païs) que Mira fille d'un Roi y mourut de douleur ; & voici en ſubſtance l'Hiſtoire qu'ils en font.

Cette Mira étoit ſi belle &

si cruelle, que l'on ne pouvoit la regarder sans en devenir amoureux & sans mourir en même-tems à cause de
sa fierté. Elle avoit déja dépeuplé tout le Roiaume de
son pere, lors que les Dieux
s'en sentant offensez, reve-
lerent à ce Prince, que les
malheurs qui ravageoient ses
Etats ne finiroient point que
Mira n'eût expié les maux
que ses yeux avoient causez:
qu'elle devoit être errante,
& que le Destin la conduiroit.
Que cette Princesse aiant
parcouru une partie de la
Terre, vint enfin prés de ce
Château qui appartenoit au
Comte de Nios, qui étoit un
jeune homme bien fait, mais
fort farouche à l'égard du
sexe, qu'il haïssoit extraordi-
nairement;

nairement ; Mira qui le ren_
contra dans les bois où il
chaſſoit, en devint éperduë_
ment amoureuſe ; elle le guet_
ta un jour, & l'aiant ſaiſi par
les cheveux, le contraignit
de la mener dans ſon Châ_
teau : mais il l'y laiſſa, &
elle y mourut peu de tems
aprés de chagrin ; & depuis
ce tems-là, dit-on, on y en_
tend les plaintes de l'ame de
cette fille, qui ſouffre pour
tous les maux que ſes yeux
& ſa fierté avoient cauſez.

On voit à Boraſano prés
de Saint Sebaſtien, des mou_
lins où l'on fond les maſſes
de fer qu'on tire des mines
voiſines, pour le mettre en
barres : on ſe ſert pour cela
de certaines machines à l'eau,
qui font mouvoir les ſoufflets.

Tome II. Q

ESPA
GNE.

& allumer le feu, & de gros
marteaux qui frapent sur l'anclume.

Passage
S. A-
drien.

A onze lieuës de Saint Sebaftien, fur le Mont Saint A-
drien, on trouve un paffage
des Pirenées qu'on a percé
pour éviter de monter un rocher inacceffible : cette voute
a cinquante pas de long, huit
de large & environ dix de
haut. Quoi-que ce paffage
foit fermé par la porte d'une
Hôtellerie que les Efpagnols
y ont bâtie, il ne laiffe pas
d'être dangereux, parce que
c'eft ordinairement la retraite des voleurs.

Na-
varre.

Quoi-que le Roiaume de
Navarre ait été porté à la
Couronne de France, par
Henri le Grand, les Efpa-
gnols ne laiffent pas de joüir

de la partie qu'on appelle
Haute Navarre, par droit
de bien-seance, parce qu'elle étend les limites de leur
Etat jusqu'aux Pirenées. Ferdinand V. Roi d'Arragon l'u-
surpa injustement sur Jean Al-
bret grand pere maternel de
Henri IV. On dit que l'Empereur Charlequint étant à
l'article de la mort, dans le
Convent des Hieronimites de
Saint Juste en Estramadure,
où il s'étoit retiré en 1556.
pour y finir ses jours, recom-
manda à Philippe II. son fils
de restituer la Navarre au
Roi de France, veu qu'il ne
la possedoit pas à juste titre,
& que ce Philippe ne l'aiant
pas fait, en chargea Philippe
III. son fils, qui ne s'en ac-
quitta pas mieux que lui : aussi

Q ij

n'est-ce pas de cette façon que les Princes restituent les biens usurpez.

La Navarre en general est montagneuse, & si sterile, que le Roi d'Espagne n'en tire pas assez de revenu pour entretenir les troupes qu'il y tient, Pampelune sa Ville Capitale sur la petite riviere d'Arga, est la plus forte de la frontiere Espagnole; elle est éloignée d'une lieuë du pied des Pirenées; sa Citadelle qui consiste en cinq bastions avec un bon fossé plein d'eau, est environnée d'un grand marais. Philippe II. la fit bâtir pour arrêter les courses des François, qui alloient souvent ravager jusques sur les frontieres de Castille. Il y a dans cette Citadelle un moulin à bras, où l'on peut emploier des chevaux pour faire agir cinq meules en même-tems, qui dans un besoin pourroient moudre quatre-vingt charges de bled par jour. Pampelune est une Ville tres-ancienne, & quelques Auteurs veulent qu'elle ait été bâtie par Pompée, lors qu'il alla combattre Sertorius, qui lui donna le nom de Pompejopolis.

Il y a dans la Navarre une petite Ville nommée Saint Dominique de la Chaussée, que les Pelerins de Saint Jacques ne manquent pas de voir, au sujet d'un miracle que tout le monde en Espagne doit croire ou en faire le semblant ; voici ce que c'est. La fille d'une hôtellerie étant devenuë amoureuse d'un Pelerin de bonne mine qui logea chez eux, & ne pouvant s'en faire aimer, elle s'en vangea en mettant quelque argenterie de la maison dans son sac, l'accusant de l'avoir dérobée; cela suffit pour le faire pendre, & son corps fut exposé sur le grand chemin.

Le pere du Pelerin passant par là quelques années aprés, reconnut son fils au gibet, dont il n'avoit eu aucune nouvelle, qui, tout pendu qu'il étoit, lui dit qu'on l'avoit condamné injustement, & le pria d'aller dire au *Corigidor* ou Juge du lieu de le faire ôter de là. Ce pere (ajoûte l'histoire) aiant trouvé le Juge à table qui ne vouloit pas croire le recit qu'il lui

faiſoit que ce pendu fût ſon
fils, & encore moins qu'il
eût parlé, dit qu'il étoit auſſi
peu poſſible que cela fût,
comme au coq & à la poule
qui étoient rôtis ſur ſa table,
de reſſuſciter ; & qu'à peine
eut-il achevé de parler, que
ces deux animaux ſe trouvant
revêtus de plumes blanches,
battirent des aîles & ſaute-
rent à terre.

Ce qu'il y a de certain à
tout ceci, c'eſt qu'on voit une
potence attachée à la voute
de l'Egliſe du lieu, & au côté
gauche de l'Autel, une ni-
che dans une Chapelle fermée d'une grille de fer, où
l'on voit un coq & une poule blanche en vie, qui y chan-
tent & font des œufs ; & on
veut que ce ſoit les mêmes

animaux qui ressusciterent, qui sont devenus immortels, comme Henoch & Elie. C'est des plumes qui tombent de ces animaux dont on voit souvent les chapeaux des Pelerins ornez.

Il y a une chaîne de montagnes dans les Pirenées qu'on nomme Capsi, aux confins des deux Roiaumes, assez prés de Villa Franca, au sommet de Carigout : sur la plus haute de ces montagnes, on trouve un étang fort poissonneux ; & ce qu'il y a de plus remarquable, c'est que lors qu'on y jette une pierre, il en sort une petite fumée, qui forme ensuite un gros nuage & excite une tempête suivie de pluie, grêle & de coups de tonnerre épouvantables, qui durent

durent l'espace d'un bon
quart d'heure.

CHAPITRE XVII.

Des Roiaumes d'Arragon, de Catalogne & de Valence.

L'Arragon tire son nom Atra-
de la riviere d'Arragon gon.
qui a sa source dans les Pire_
nées ; cette Province est située entre les Pirenées , la
Navarre , la Castille & la
Catalogne. L'air y est fort
sain, le terroir sec & sterile,
si ce n'est dans les Valons qui
produisent du bled & du vin,
& on trouve quelques mines
d'or & de fer dans ses mon_
tagnes, dont on ne tire pas
grand avantage.

Tome II. R

Cette Province fut une des premieres qui s'affranchit de la domination des Mores ; & trouvant la race de ses anciens Rois éteinte, elle se choisit un Prince ou Chef ; les suffrages tomberent sur Garcia Ximenes Gentilhomme de la Province : mais on limita fort son pouvoir par des Loix qu'il jura, tant en son nom que de ses successeurs en cette dignité, sans l'observation desquelles ils n'auroient point d'autorité sur eux, les peuples seroient dispensez de leur obéïr, & en droit de se choisir un Roi, même parmi les Paiens & Infideles ; que pour veiller à la conservation des Loix, on établiroit un Chef de Justice ou Magistrat Souverain, qui ne pourroit être

condamné ni en ſa perſonne,
ni en ſes biens, que par *las*
Cortes ou Etats du Roiaume,
compoſez du Roi & du peu-
ple, afin de mieux brider leur
Prince ; que ſi le Roi faiſoit
quelque tort à un ſujet, les
Nobles prendroient ſon fait
& cauſe, & empêcheroient
qu'on ne paiât aucuns droits
au Roi, qu'auparavant il n'eut
dédommagé & ſatisfait le
vexé.

Le Roi à genoux & tête nuë,
devoit jurer devant le Chef
de Juſtice qui étoit aſſis &
couvert, l'obſervation de ces
Loix & Privileges; aprés quoi
le peuple, par la bouche du
Chef de Juſtice, le recon-
noiſſoitpourRoi,en lui diſant:
Nos que valemos tanto como
vos, os hazemos nueſtro Rei,

R ij

y Segnore, contal que guardeis nuestros fueros y libertades, sino, no. C'est-à-dire : Nous qui valons autant que vous, vous faisons nôtre Roi & Seigneur, à condition que vous garderez nos privileges & franchises, & non autrement.

Cette maniere de prêter foi & hommage fut abolie dans une assemblée des Etats, en presence du Roi Don Pedro, surnommé *el punnal*, qui donna en échange quelques autres privileges aux Arragonois ; & l'histoire de ce Prince nous apprend que lors que tout fut fait, & lors qu'on lui eut remis le parchemin sur lequel cette Loi étoit écrite, il tira son épée, & coupa la main avec laquelle il tenoit cet Acte : disant que

l'abolition d'une Loi ne pouvoit s'effacer que par le sang
d'un Roi : mais le pouvoir du
Chef de Justice sur les Juges
& sur toute sorte d'Officiers
qui oppriment le peuple, sub-
siste encore.

    Sarragosse est la Capitale de
l'Arragon, & a été le séjour
de ses Rois, qui logeoient
dans un Palais hors la Ville,
qui sert aujourd'hui au Conseil de l'Inquisition. Cette
Ville est traversée de la riviere d'Ebre. Il y a une lampe
dans un Convent de la Ville,
dont la fumée a la proprieté
de ne point noircir, ni donner aucune mauvaise odeur.

    On m'a asseuré qu'à un lieu
nommé Villila dans l'Arragon sur la riviere d'Ebre, il
y a une cloche de dix brasses

ESPA-
GNE.

Sarra-
gosse.

Cloche
qui son-
ne d'el-
le-mê-
me.

R iij

de rondeur, qui sonne quel-
quefois toute seule, sans l'as-
sistance des vents ni d'aucune
machine. Quoi-que je ne
l'aie pas vû, je suis obligé d'en
croire les gens de probité
de qui je l'ai appris, laissant
la liberté au Lecteur de le
revoquer en doute jusqu'à ce
qu'il en soit plus pleinement
informé. Ce mouvement est
pris pour un présage extraordinaire. On pretend qu'elle
sonna lors qu'Alfonce V. alla
en Italie ; comme aussi à la
mort de Charle-quint, au dé-
part de Don Sebastien Roi
de Portugal pour l'Afrique,
à la mort de Philippe II. &
la derniere fois qu'elle sonna
fut depuis le Jeudi 13. Juin
1601. jusqu'au Samedi suivant,
sans discontinuer nuit & jour

La Catalogne est une autre Province d'Espagne qui a eu autrefois ses Princes particuliers : elle est séparée de la France par les Pirenées au Septentrion ; elle est bornée à l'Orient & au Midi par la Mer Mediterranée, & à l'Occident par les Roiaumes d'Arragon & de Valence. Si le terroir n'abonde pas en bled & en vin, ses entrailles produisent des Ametistes, des Agathes, du Cristal, de l'Azur, de l'Albâtre, du Corail, de l'Or, de l'Argent, du Fer, de l'Alum, du Vitriol & du Sel, dont il y a plusieurs mines, principalement prés de Gironne, dont j'ai parlé dans le chapitre III. où plus on en prend, & plus il en croît.

Aprés Dieu, la Catalogne

est redevable de l'expulsion des Mores à la valeur des François, qui leur donnerent de puissans secours, & Loüis le Debonnaire enleva des mains des Infideles la Ville de Barcelonne Capitale de la Province : mais en 1137. ou 38. elle fut incorporée à l'Arragon. En 1640. les Cattalans lassez de la domination Espagnole, se donnerent au Roi de France, à la persuasion de Joseph Marguarit, Gentilhomme du païs. Sa Majesté Tres-Chrêtienne y tint des Vicerois ou Gouverneurs jusqu'en 1659. que par les articles 42. & 43. de la paix, il fut declaré que les Monts Pirenées feroient la division des deux Roiaumes.

Barcelonne en est la Capi-

tale, ainſi que je l'ai déja remarqué ; elle eſt ſi ancienne, que quelques Auteurs diſent qu'elle fut bâtie trois
cents ans avant la Naiſſance
de Nôtre-Seigneur, par un
Capitaine Cartaginois nommé Amilcar-Barca. Elle ſoû-
tint un ſiege de quinze mois
contre les Eſpagnols, qui
s'en rendirent maîtres en 1652.
parce que les guerres civiles
en France, empêcherent les
François d'y envoier les ſe-
cours neceſſaires. Il y a d'aſſez belles Egliſes, & les ruës
y ſont plus propres que dans
les autres Villes d'Eſpagne.
Son port ſur la Mediterranée
fait ſa principale richeſſe. La
Nobleſſe y a de grands privileges, on n'y peut point
empriſonner un Gentilhom-

me pour quelque cause que ce soit. L'Evêque de Barcelonne qui est suffragant de Teragonne, venant à mourir, ses parens sont frustrez de son heritage ; le Pape succede à tous ses biens, & Sa Sainteté tient ordinairement des Officiers à Barcelonne, pour y recueillir l'heritage, & déterrer de bonne heure en quoi consistent les biens de l'Evêque, pour s'en emparer dés le moment qu'il aura rendu l'ame.

Valence.

Valence est une Province que les Mores érigerent en Roiaume, & qui tire son nom de sa Ville Capitale, où le Roi d'Espagne tient encore un Viceroi : elle a environ soixante-six lieuës de long, & vingt-cinq de large. Ses

bornes font l'Arragon au Septentrion , la Catalogne à l'O-
rient , la Murcie au Midi , &
la Nouvelle Caftille à l'Occident. L'air y eft fi temperé , qu'on y joüit d'un
printems continuel ; ce qui
fait que fon terroir eft des
plus fertiles d'Efpagne.

La Ville de Valence eft honorée d'un Archevêché, d'u-
ne Univerfité , & du féjour
du Viceroi. On n'y entre-
tient point de garnifon , les
bourgeois aiant foin de monter la garde. Parmi le Trefor
de l'Eglife Catedrale , on
montre un Calice d'agate ,
qu'on dit être le même dont
Nôtre-Seigneur fe fervit lors
qu'il fit la Cene avec fes Dif-
ciples : une chemife d'enfant
fans couture , faite , dit-on ,

Sa Ca-
pitale.

des mains de la Sainte Vierge, de laquelle on y garde
du lait, des cheveux & son
peigne. On y voit aussi une
grosse dent de quatre doigts
de long & de trois de large,
qu'on dit être de Saint Chri-
sostome ; un des Saints In-
nocens, & deux deniers de
Judas qui sont d'argent, aiant
d'un côté la face d'un homme, & de l'autre une tulipe.

Il y a plusieurs beaux Edi-
fices tant Saints que profa-
nes, & on pourroit bien mettre au nombre de ces der-
niers ce que les Espagnols y
appellent *la Casa santa*, qui
est une maison publique où
il y a plusieurs petites chambres, occupées chacune par
une femme de mauvaise vie
qui y attend pratique. La

porte eſt ouverte à toute ſorte ESPA-
GNE.
de gens, pourveu qu'ils laiſ-
ſent aux gardes qui ſont en-
bas leurs épées & juſqu'à leur
couteau de poche, qu'on leur
rend lors qu'ils s'en retour-
nent. Tous les Samedis il y a
une vieille matrone aux gages
de la Ville, qui va faire la viſi-
te de ces miſerables, pour en
faire ſortir celles qui ont beſoin de medecin.

Alicante eſt un Port de Ali-
cante.
Mer défendu par un Château
que Philippe II. y fit bâtir,
dont la ſeureté y attire des
vaiſſeaux de toutes les Nations, qui y viennent enlever
les danrées de la Province,
& y apportent les marchan-
diſes dont elle a beſoin.

CHAPITRE XII.

*Des Roiaumes de Murcie, de
Grenade & de l'Andalousie.*

Murcie

MUrcie est une petite Province d'Espagne avec titre de Roiaume, qui prend son nom de sa Ville Capitale ; elle n'a qu'environ vingt-cinq lieuës de long, & ving-trois de large : elle est bornée du Roiaume de Valence au Levant, de celui de Grenade au Couchant, de la Castille Neuve au Septentrion, & de la Mer Mediterranée au Midi. L'air y est sain, & quoi-que le terroir soit fort montagneux, il ne laisse pas de produire abon-

dance de fruits ; comme Citrons, Oranges, Olives, Meu-
riers pour la nourriture des
vers à soie, dont on y fait
grand trafic : mais il n'est pas
fertile en vins ni en bleds. On
y trouve des roches d'Alun,
d'Ametistes & de Cassidoine.
Tout ce qu'il y a de remarquable dans la Ville de Murcie, c'est le degré du Clocher
de sa Capitale, qui est cons-
truit d'une maniere à pouvoir
y faire monter un carrosse
attelé de chevaux ou de mu-
les.   Cartagene est une autre   Carta-
bonne Ville de Murcie, qui   gene.
n'a rien de recommandable
que son Port de Mer, qui est
un des meilleurs d'Espagne.

Le Roiaume de Grenade   Gre-
prend encore son nom de sa   nade,
Ville Capitale : il a quatre-

vingt lieuës de long, & trente dans sa plus grande largeur. Il a la Murcie au Levant, la Nouvelle Castille au
Septentrion, l'Andalousie à
l'Occident, & la Mer Me-
diterranée au Midi. L'air y
est fort temperé, & le terroir
si fertile, que les Mores a-
voient accoûtumé de dire,
que le Paradis étoit dans
cette partie du Ciel qui ré-
pondoit sur Grenade.

Ce Roiaume est d'une dif-
ficile entrée, principalement
du côté de la Manche, païs
du valeureux Don Quixote ;
car il n'y a qu'un seul passage
qu'on a taillé dans une haute
montagne : de sorte qu'on
marche pendant cinq gran-
des lieuës dans cette ouverture qui n'a que trois toises
de

de largeur, & dont le fom-
met des montagnes qui le
bordent de chaque côté, eft
plus haut que les plus hautes
Tours de France, & l'on eft
toûjours dans l'apprehenfion
qu'il ne s'éboule quelque
rocher fur la tête des paffans.
Du tems des Mores ce paf-
fage étoit fermé d'une groffe
chaîne, dont on montre encore les morceaux dans deux
Eglifes voifines. On voit auffi
dans ces montagnes plufieurs
grotes & cavernes, où l'on
a trouvé beaucoup d'or &
d'argent que les Mores y a-
voient caché lors qu'ils furent contraints de paffer en
Afrique, aiant toûjours ef-
perance d'y revenir.

 La Ville de Grenade eft
une des plus grandes & des

ESPA-
GNE.

La Ville
de Gre-
nade.

mieux bâties d'Espagne ; elle
est enceinte de bonnes murailles avec cent trente Tours,
aiant dix-huit portes & cinq
grandes places , & on ne
sçauroit faire le tour de la
Ville en moins de quatre
heures de tems. Elle étoit
beaucoup plus peuplée lorsque les Mores en étoient
les maîtres, d'où on a eu de
la peine à les chasser ; &
on remarque que le Roi de
Castille y aiant mis le siege , il eut la lâcheté de le
lever , moiennant un pre-
sent de douze mulets chargez de figues, garnie chacune d'un double ducat.

Il y a de magnifiques Pa-
lais à Grenade où l'on voit
des ouvrages Morisques ini-
mitables. On y admire dans

le Palais de Charles-quint, ESPA-
autrement dit le Château GNE.
d'Alcaçar bâti par les Mores,
un sallon qu'on appelle des
secrets, à cause que deux personnes se peuvent entendre
d'un bout à l'autre en par-
lant si bas qu'il veulent, pourveu qu'aprochant la bouche
de la muraille, ils y pronon-
cent leurs silabes distincte-
ment, & ceux qui sont au
milieu de la chambre n'en
entendent rien. Il y a une
semblable salle à l'Observa-
toire de Paris, & une dans
la maison de Caprarola prés
de Viterbe en Italie, appar-
nant au Duc de Parme, où
quatre personnes peuvent
s'entendre des quatre coins,
sans que ceux du milieu s'en
apperçoivent. Il y en a enco-

re de semblables dans plu-
sieurs endroits de l'Europe, & je ne sçai si ces dernieres guerres n'ont pas détruit le sallon de la grosse tour de Heidelberg, qui faisoit le même effet.

On voit à Grenade un autre Château bâti par les Infide-les qu'on nomme Generalife, où il y a des pieces d'Archi-tecture & de Sculpture, qui font assez connoître que les Mores avoient d'habiles maî-tres dans ces Arts. L'Arsenal de Grenade est un des mieux fournis d'Espagne, on y mon-tre quelques armes dont les Mores se servoient, comme des Arches & des Fusils en-richis de pierreries ; il a aussi de belles statuës de toute sor-te de metaux, dont celle de

Neptune est la plus estimée. ESPA-
GNE.
Proche une des portes de la
Ville, qu'on nomme la Porte
d'Elviro, on voit une Colonne de marbre noir , avec la
base & le chapiteau de marbre blanc, au haut de laquelle on a mis la figure de la
sainte Vierge , qu'ils appellent Nôtre-Dame de Triom-
phe ; cette Colonne est enceinte d'une grille de fer, &
ornée de vingt lanternes
qu'on allume toutes les nuits.

A huit lieuës de Grenade, Bains
chauds.
dans les montagnes sont les
Bains chauds si renommez
dans trois voutes pratiquées
dans le roc , qui sont pleines
d'eau boüillante , avec laquelle les Espagnols se gue-
rissent de plusieurs maladies.

Malaga ou Malaca est un Malaga

Port de Mer où les vaisseaux
étrangers viennent charger
les marchandises & les danrées de Grenade ; son Mole
a cinq cens soixante & dix
pas de long & vingt de large,
étant défendu par un château
qui se trouve commandé par
un second.

On croit que l'Andalousie
a tiré son nom des Vandalles
qui l'habiterent autrefois. Par
sa situation elle a le Roiaume
de Grenade à l'Orient ; au
Midi le Détroit de Gibraltar
& l'Ocean ; le Portugal à
l'Occident , & la nouvelle
Castille au Septentrion ; son
étenduë est d'environ quarante-huit lieuës en longueur
& cinquante-deux en sa plus
grande largeur. Son terroir
est à juste titre reconnu pour

le plus fertile de toute l'Espagne, aussi produit-il abon-
damment tout ce qu'on trouve dans les autres Provinces,
& ses Pâturages servent à la
nourriture des Genets ou
Chevaux d'Espagne si esti-
mez dans toute l'Europe. Il y
a pourtant des endroits montagneux qui sont fort steriles
à cause de la secheresse ; cependant on ne laisse pas d'y
trouver des Mines d'argent,
d'airain, de plomb , de vif
argent, de vermillon, &c.

Ceux qui disent que les Espagnols sont jaloux par ex-
cés, disent que le centre de
leur jalousie est en Andalousie ; & en effet les femmes en
general y sont si soumises à
leurs maris, qu'elles les servent à table, bien qu'ils aient

des domestiques suffisamment pour le faire. Ce mauvais traitement oblige souvent ces femmes de s'en vanger aux dépens de leur honneur lors qu'elles en trouvent l'occasion. La plûpart des domestiques y sont esclaves, quoique Chrêtiens; ce qui est directement opposé aux loix du Christianisme.

Seville.   Seville est la capitale de cette Province, & pour en donner une idée avantageuse, il ne faut que sçavoir le proverbe Espagnol qui dit que,

Qui en no ha visto Sevilla,
No ha visto maravilla.

Elle est bâtie dans une plaine sur les bords du Guadalquivir, & quoi-que Cadix fasse

faſſe preſque tout le com_
merce des Indes & des païs
étrangers, Seville ne laiſſe
pas d'être encore fort conſi_
derable, ſoit parce qu'on y
décharge tout l'or & l'argent
qu'on tire des Indes pour
l'Eſpagne, où eſt le bureau
general qu'on appelle *la Ca-
ſa de la Contratatione de las
Indias*, pour en fraper des
eſpeces; qu'à cauſe de ſon Ar_
chevêché & Univerſité.

Son Egliſe Cathedrale a
cent cinquante pas de long,
& cent de large, où l'on voit
le Tombeau de Ferdinand
III. qui chaſſa les Mores de
Seville le 22. Decembre 1248.
aprés un ſiege de ſeize mois,
les Infideles en aiant été les
maîtres pendant cinq cents
trente - quatre ans. Il n'y a

qu'à Seville & à Segovie en Espagne où l'on frape de la monnoie d'or.

Cordouë est une autre Ville considerable de l'Andalou-sie, que Ferdinand III. Roi de Leon & de Castille dont je viens de parler, prit sur les Mores en 1236. Ces Infi-deles y bâtirent une Mos-quée, qui aprés la Meque, étoit la plus belle qu'ils eus-sent. Pour juger de sa beauté & de sa grandeur, je dirai seulement qu'elle a vingt-quatre portes ; que sa lon-gueur est de six cents pieds sur cinquante de large, & qu'elle est soûtenuë par huit cent cinquante colomnes de Jaspe ou de Marbre noir, d'un pied & demi de diame-tre : elle sert aujourd'hui d'E-

glise Cathedrale. Nous som-
mes redevables à Cordouë
de plusieurs beaux esprits qui
y ont pris naissance, entr'autres des deux Seneques &
du Poëte Lucain. C'est à
Cordouë où l'on tient les
jeunes chevaux du Roi d'Espagne.

L'Isle de Gadez ou Cadix,
est celebre parce que les Phe-
niciens, par ordre de l'Ora-
cle, y bâtirent un Temple à
Hercule, où l'on dit que
Jules Cesar versa des lar-
mes, se souvenant de ce
qu'Alexandre le Grand avoit
fait à l'âge de trente-trois
ans. On y éleva une colom-
ne que quelques-uns disent
avoir été faite d'or & d'argent fondus ensemble, &
d'autres seulement d'airain, de

la hauteur de huit coudées.

Dans ce même Temple il y avoit un Autel dédié à la pauvreté, un autre aux arts, un à la vieillesse & un à la mort : tout cela avoit ses misteres & ses significations ; on vouloit insinuer que la pauvreté étoit la mere des arts, que la vieillesse devoit être respectée, & qu'on ne devoit point craindre la mort. Jules Cesar fit enlever des richesses immenses de ce Temple pour le paiement de son armée.

Le Golfe de Cadix a environ douze lieuës de circuit & deux de large, étant défendu de plusieurs forteresses, dont celles de Puntal & de Matagorda, construits sur les rivages de l'endroit le plus

étroit du Golfe, sont les plus
considerables, les coups de
canon se croisant à fleur
d'eau. Le Port Sainte Marie
& celui de Cadix sont les
meilleurs & les plus frequen-
tez de ce Golfe, c'est dans
ce dernier où s'assemblent
les galions pour les Indes.
Charle-quint jugea cetteVille
si considerable, que ce fut
une des trois dont il recom-
manda la garde & la con-
servation à Philippe II. son
fils ; les autres étoient la
Goulette que cet Empereur
avoit fait bâtir au bout du
Port de Tunis en Afrique,
en 1535. & Flessingue en Ze-
lande : mais les Turcs ont
pris & détruit la Goulette,
les Hollandois se sont empa-
rez & gardent encore Flessin-

gue, & les Anglois prirent, pillerent & brûlerent Cadix en 1596. mais les Espagnols l'ont rebâtie, & elle est plus superbe qu'elle n'étoit auparavant.

Détroit Le Détroit de Gibraltar est fameux par la jonction de la Mediterranée avec l'Ocean ; quelques Auteurs veulent qu'Hercule fils de Jupiter ait fait couper treize lieuës de montagnes, qui joignoient l'Europe à l'Afrique, pour faire cette jonction des deux Mers, comme on a voulu couper du depuis l'Isthme de Corinthe. En ce cas là cette action meritoit bien de trouver place parmi les douze travaux d'Hercule, & d'en faire le treiziéme ; car il n'étoit pas moins considerable que

d'avoir, 1. vaincu & écor-
ché le Lion de la Forêt de ESPA-
GNE.
Nemée, 2. aſſommé l'Hidre
à ſept têtes du Marais de
Lerne, 3. terraſſé le Sanglier
d'Erimanthe, 4. arrêté la
Biche aux cornes d'or & pieds
d'airain, aprés l'avoir couruë
un an dans la Forêt de Par-
thenie, 5. défait les Harpies
filles engendrées de Neptune
& de la Terre, 6. vaincu les
Amazones, 7. nettoié les é-
curies d'Augias Roi d'Elide,
8. ſurmonté le Taureau de
Crete, qui vomiſſoit des flâmes, 9. tué Diomede & ſes
chevaux qu'il nourriſſoit de
chair humaine, 10. vaincu &
enlevé les troupeaux de Ge-
rion, 11. enlevé les Pomes
d'or que le dragon gardoit
dans le Jardin des Heſperides,

T iiij

12. & tiré des Enfers le Cer-
bere à trois têtes. Tous ces
grands travaux ne pûrent
pourtant pas l'empêcher d'ê-
tre empoisonné, par le moien
d'une chemise que lui donna Dejanire sa femme.

Mais pour revenir à mon
sujet, je dirai que ce Détroit qu'on appelloit autrefois
d'Hercule fut nommé *Jubalfath*, par Tariff General des
Mores, lors qu'il fit sa premiere descente en Espagne,
& par corruption on l'a nommé du nom de la Ville de
Gibraltar, qui est située dans
ce Détróit le long d'un rocher escarpé, qui s'avance
une lieuë dans la Mer, qu'on
appelloit autrefois une des
Colomnes, ou le *Nec plus ultra*
d'Hercule. Il tient à l'Espa-

gne par une petite langue de
terre, formant pendant un
quart de lieuë un fossé, qu'il
seroit facile de continuer
pour en former une Isle, parce que cet endroit n'est qu'u-
ne plaine quasi aussi basse que
la Mer. On a bâti une Chapelle au haut de ce rocher,
dediée à la Sainte Vierge,
qu'on nomme *Nuestra Sen-
nora d'Europa*, & vis-à-vis
sur le sommet de la montagne
en Afrique, il y en a une autre qu'on nomme *Nuestra
Sennora dé Africa.*

A moitié de la montagne
de Gibraltar, il y a une cave
qu'on nomme de Saint Mi-
chel, qui la traverse & va
sortir sur les bords de la Mediterranée. On y voit une
autre ouverture dans le roc,

qui, dit-on, conduit en Afrique sous les abîmes de la mer :
si cela est, les Espagnols devoient bien s'en servir pour
jetter des secours à Tanger
lors qu'ils en étoient les maîtres, & les faire passer delà dans
leurs autres places d'Afrique.

Algezire,

Algezire est une Ville pas
loin de Gibraltar, qui étoit autrefois connuë sous le nom de
Tartcia ; comme c'étoit une
des Terres du Comte Julien,
ce fut par là qu'il introduisit
les Mores en Espagne, qui ap-
pellerent sa Ville & le païs des
environs Algezire, d'un mot
Arabe qui signifie Isle. Les
Espagnols disent que c'étoit
autrefois la demeure des Rois
de Tarsis, & que c'étoit de là
d'où Salomon tiroit les principales richesses de sa Cour :

mais la raison & l'histoire tant
sainte que profane, ne leur
sont pas favorables dans cette
rencontre. Les Mores s'y sont
maintenus depuis l'an 713. jufqu'au 25. Mars 1344. qu'Alfon-
se XI. Roi de Castille les en
chassa : mais avant de s'em-
barquer pour retourner en A-
frique, ils firent sauter une
forteresse considerable qu'ils
y avoient élevée.

Il y a encore une autre Ville
à cinq lieuës de Gibraltar, plus
grande & plus peuplée que
celle-ci, que Tariff General des
Mores y fit bâtir, lorsqu'il établit la domination de ces Infideles en Espagne, & la nomma
de son nom. Voilà ce que j'a-
vois à dire des Provinces d'Espagne, il me reste encore à
parler de ses principales Isles.

ESPA-
GNE.

Tariff.

CHAPITRE XIX.

*Des Isles de Majorque, de Mi-
norque & d'Iviça, ou Evisse.*

CEs Isles que les Anciens appelloient Beleatres, formoient autrefois un Roiaume particulier, que le Roi d'Arragon enleva aux Sarasins en l'année 1230. les Rois d'Espagne en sont aujourd'hui les maîtres, comme Rois d'Arragon. On dit que le terroir de ces Isles a une proprieté particuliere, qui est de ne pouvoir nourrir aucune bête venimeuse.

Major-
que.

L'Isle de Majorque est la plus considerable des trois, elle a environ cinquante

lieuës de circuit, vingt dans ESPA-
fa plus grande longueur & GNE.
quinze de large. La Ville capitale porte le nom de l'Ifle;
elle eft honorée d'un Evêché, d'une Cour des Mon-
noies & du fejour du Viceroi
de toutes les Ifles. Elle a auffi
un bon Port de Mer, & les
habitans paffent pour les
meilleurs Pirates de la Me-
diterrannée.

Celle de Minorque, peut Minor-
avoir douze lieuës dans fa que,
plus grande longueur, neuf
en largeur & trente-cinq de
circuit. Elle abonde en gros
bêtail principalement en mulets. Sa Ville capitale eft Ci-
tadella, qui n'eft pas à beaucoup prés fi confiderable que
Majorque.

Celle d'Iviça ou Eviffe, eft Ivi-
que,

située à quatorze lieuës à l'O-
rient du Cap Saint Martin ;
elle a environ vingt _ sept
lieuës de circuit, dix de long
& six dans sa plus grande largeur ; elle abonde en bled,
vin, fruits, & en sel. Sa capitale porte le nom de l'Isle ;
elle a à son midi la petite
Isle de Fromentera, qui n'est
point habitée à cause d'une
quantité prodigieuse de gros
Serpens dont elle est remplie , quoi _ qu'il ne s'en
trouve point dans les trois
grandes Isles dont je viens
de parler : si c'est la proprieté du terroir, il faut que ce-
lui-ci differe de beaucoup
de l'autre : il y en a qui veulent que les premiers habitans de Majorque , Minor-
que & Iviça depeuplerent

ces Isles de Serpens, en les
faisant porter dans l'Isle de
Fromentera , parce que selon leurs opinions , ils ne
devoient faire mourir aucune bête , crainte que l'ame
de leurs ancêtres n'y resi-
dât : & cependant ils ne pouvoient point avoir de commerce familier avec ces animaux venimeux , qui les de-
soloient continuellement.

CHAPITRE XX.

Du Roiaume de Portugal.

Portu-
gal.

LE Roiaume de Portugal est situé à l'Occident de l'Espagne, dont il faisoit autrefois la sixiéme partie; il a environ cent dix lieuës de longueur & cinquante dans sa plus grande largeur, & bien qu'il soit un des plus petits Etats de l'Europe, il en est pourtant un des plus considerables par rapport à la bonté de son air qui est doux & temperé, & à la fertilité de son terroir : il est arrosé de plusieurs belles rivieres entr'autres de celles de Minho, Duero, Tage & Guadalquivir,

Qualité
du ter-
roir.

dalquivir , & produit quan_
tité de Bled , Vin, Huile , Ci_
trons , Oranges douces &
aigres,& toute forte de fruits:
fon Sel & fes Chevaux ne
font pas de moindres richef_
fes , & outre cela il a des mi_
nes d'or & d'argent ; car les
Romains venoient chercher
autrefois en Portugal, ce que
les Portugais vont querir au_
jourd'hui dans les Indes.

Ce Roiaume a de fort beaux
Ports de Mer qui lui fervent
à ramaffer les richeffes du
vieux & du nouveau monde;
les principaux font ceux de
Lifbonne à l'embouchure du
Tage , & de Porto à l'em_
bouchure du Duero. Ses bor_
nes font la Galice au Nort,
la Caftille , Leon , l'Eftra_
madure & l'Andaloufie au

ESPA-
GNE.

Ses
Ports.

Bornes

V

Levant, & le grand Ocean
au Couchant & au Midi.

Les Portugais ont un a-
mour pour leur Roi digne
de loüange ; ils ne font ni fi
fuperbes ni fi prefomptueux
que les Efpagnols, & les E-
trangers trouvent beaucoup
plus de focieté avec eux qu'a-
vec leurs voifins. Ils font fort
entreprenans, principalement
fur Mer, les conquêtes qu'ils
ont faites dans les Indes O-
rientales & Occidentales en
font des preuves convaincan-
tes; & quoi-que les Efpagnols,
les Anglois & les Hollandois
leur aient enlevé quelques-
unes de leurs Colonies, ils
n'ont pû y éteindre leur reputation ni leur langue qui
eft la plus generalement re-
çûë dans les Indes. Nous de-

vons aux Portugais l'inven_
tion de naviger par la hauteur
du soleil.

ESPA-
GNE.

La Religion Catholique
Romaine, est la seule permi_
se en Portugal, quoi-que ce_
pendant il y ait quantité de
Juifs qui ne se font pas con_
noître pour tels, & qui s'y
tiennent pour participer au
gain du grand commerce des
Portugais : comme ils crai_
gnent toûjours de tomber en_
tre les mains de l'Inquisition
qui les fait brûler vifs, ils ne
vont guere par la Ville sans
un gros chapelet à la main,
& frequentent les Eglises par
politique. Les Juifs qui ont
embrassé le Christianisme, ni
leurs enfans, ne peuvent exer_
cer aucune Charge de Justice
que par une grace speciale

Reli-
gion.

ESPAGNE.

du Roi, ou pour de signalez services rendus à l'Etat. Cependant il s'en trouve plusieurs que Sa Majesté Portugaise emploie, & j'ai connu tres - particulierement son Resident à Amsterdam, qui professe ouvertement le Judaïsme.

Habillemens.

Les Portugais sont tous habillez de noir avec le manteau, l'épée & le poignard au côté, à peu prés comme les Espagnols; mais le Roi & la Cour sont habillez à la Françoise.

Oranges.

J'ai déja remarqué que le Portugal produit quantité de Citrons & d'Oranges douces; mais je n'ai pas dit que l'origine de ces fruits que nous appellons en France Orange de Portugal, vient de la Chine, aussi les Hollandois & les Allemans les appellent *Cina Appel*, c'est à dire Pommes de la Chine ; il n'y a pas encore quarante ans que les Portugais apporterent de ce Païs-là, la premiere greffe de ces Fruits qui a tellement multiplié qu'on voit aujourd'hui des forêts entieres de ces arbres en Portugal.

Les Espagnols avoient in- Chevaux, troduit l'usage des Mules en Portugal & y avoient presque détruit les haras ; mais aprés que ce Roiaume eut secoüé le joug de ses voisins, le Roi de Portugal voiant le préjudice que l'État en recevoit, défendit de se servir des Mules ; les Ecclesiastiques pretendant n'être pas sujets à cet Edit, s'adresserent à Sa

Majesté Portugaise, & alle-
guerent quelques Privileges
pour s'empêcher d'obeïr dans
ce rencontre ; le Roi leur
répondit qu'il ne pretendoit
point d'abolir leurs Privileges , dans la possession desquels il les confirmoit : mais
en même-tems ce Monarque
fit publier un autre Edit portant défenses sous peine de
la vie , à tout Maréchal de
ferrer aucune Mule ni Mulet
dans l'étenduë du Roiaume;
ainsi Messieurs les Ecclesiaf-
tiques se virent obligez ou de
se défaire de ces animaux, ou
d'être leurs maréchaux eux-
mêmes : cependant cette dé-
fense n'a pas été reguliere-
ment observée , puis qu'il y
en a encore beaucoup ; mais
neànmoins les chevaux y sont

plus communs qu'ils n'étoient du tems des Espagnols.

Le Roi de Portugal tire un profit considerable du commerce que ses sujets font des Negres de Guinée, avec les Espagnols qui les achetent pour s'en servir à tirer l'or & l'argent des Mines du Perou & du Mexique : car on a mis un si gros impôt sur cette marchandise humaine, que chaque Negre, qui sur les lieux ne vaut qu'environ soixante écus, en coûte plus de deux cent avant qu'ils soient sur les terres des Espagnols.

La monnoie de Portugal est differente de celle d'Espagne ; ils ont accoûtumé de conter tout par *Reés* : la pistole vaut deux mille Reés ; un Real Marcado six cens Reés,

Commerce des Negres.

Monnoie de Portugal.

une Crusade qui est environ
l'ecu de France , cinq cens
Reés, ou cinq Testons ; car
le Teston vaut cent Reés, &
le Vingtin, qui est la plus petite monnoie, vaut vingt Reés;
de sorte que lors qu'on achete pour dix pistoles de marchandises , on vous donne un
compte de vingt mille Reés,
qui étonnent d'abord l'étran-
ger , qui ignorant la Langue
& cette maniere de compter,
ne s'attache qu'au chiffre.

CHA-

CHAPITRE XXI.

*Du gouvernement & des Rois
de Portugal.*

LE Gouvernement de Portugal est entierement Monarchique, aussi-
bien que celui d'Espagne, le
Roi étant Prince absolu &
indépendant. Ce Roiaume
eut le malheur d'être la proie
des Mores aussi-bien que l'Espagne, qui en ont joüi jusqu'au commencement du
douziéme siecle, qu'Henri
de Bourgogne, petit fils de
Robert Roi de France les en
chassa, & en fut couronné
Roi. Alfonce I. son fils as-
sembla les Etats du Roiaume

à Lemago , où l'on fit une loi pour exclure les Princes étrangers de la Couronne de Portugal ; & que faute de succeffeurs legitimes, les fils naturels des Rois succederent à leur Pere , dont l'hiftoire nous en fournit quelques exemples , entr'autres Jean premier , furnommé le Pere de la Patrie, qui fucceda à Ferdinaud fon frere en 1385.

Depuis l'expufion des Mores, le Portugal fleuriffoit & commençoit déja à donner de la jaloufie aux Efpagnols, lors que malheureufement le Roi Don Sebaftien, qui n'avoit point d'enfans, refolut à la perfuafion de Philippe II. Roi d'Efpagne, de paffer en Affrique à la tête d'une armée pour combatre

les Mores : & aiant rencon-
tré celle de ces Infidelles à
Alcacer le 4. Août 1578. on
y donna cette sanglante bataille, qui fut funeste à trois
Rois ; car le Roi de Maroc
qui y étoit fort malade, se
fit mettre sur un cheval pour
voir le combat & y mourut,
son fils y fut tué peu d'heures aprés la mort de son Pere,
& le Roi de Portugal y fut
perdu ; car on n'a jamais sçû
s'il fut tué, prisonnier, ou
noié avec partie de son armée, dont il ne s'échapa
personne.

Aprés cette journée si fa-
tale au Portugal, le Cardinal
Henri, grand oncle du malheureux Sebastien, fut couronné dans une extrême vieillesse : la mort lui aiant ravi

la Couronne & la vie une
année aprés ; ce qui donna
lieu aux plus proches parens
du sang Roial de reveiller
leurs pretentions ; mais Philippe II. profitant de la foiblesse de tous ces pretendans,
tourna toutes ses forces contre le Portugal , où il envoia
le Duc d'Albe avec une puis-
sante armée , qui contriagnit
les Portugais de le reconnoître pour leur Souverain en
1581. aprés lui avoir presenté
un memoire au sujet du Gouvernement afin qu'il le jurât :
il portoit entr'autres choses,
que Sa Majesté se remarie-
roit à une personne du Païs ;
qu'il y envoieroit le Prince
son fils pour l'y faire élever ;
que le Roiaume de Portugal
demeureroit toûjours separé

de celui de Castille ; qu'il
auroit sa monnoie particuliere ; qu'on retireroit toutes les
garnisons Espagnoles des places du Roiaume, où l'on en
tiendroit de Portugaises, &
qu'on aboliroit certaines Im-
positions qu'on avoit mises sur
le peuple.

Philippe promit tout ce
qu'on voulut, bien resolu
de ne rien tenir ; Philippe III.
son fils & Philippe IV. qui
lui succederent, redouble-
rent le mécontentement des
Portugais, soit en les méprisant, soit en les surchargeant
de gros Imposts, de sorte
que ne pouvant plus suppor-
ter leur gouvernement tiran-
nique, ils prirent occasion
de secouer le joug du tribut
qu'on vouloit exiger du cin-

quiéme denier de tout leur
commerce , & de ce que
les Espagnols ne vouloient
pas permettre aux Portugais
de negocier dans quelques
endroits des Indes soûmis à
leur domination ; tout cela
joint au zele de la liberté, &
à l'antipatie qu'il y a entre
les deux Nations , oblige-
rent environ deux cents personnes des plus considerables
du Roiaume, de faire soûle-
ver le peuple contre les Espagnols , qui se trouvoient
embarassez en Catalogne par
la rebellion des Catalans, &
de mettre le Duc de Bragan-
ce sur le Trône qui lui appartenoit legitimement, étant
le plus proche parent du Sang
Roial. Cette affaire fut conduite si secretement, que quoi-

qu'il s'écoulât plus d'un an
avant de la mettre à execution, les Espagnols n'en eurent aucun vent ; & il y a
ceci de particulier, que pendant que les Confederez qui
étoient à Lisbonne, se saisis-
soient du Palais & des principaux Espagnols le premier
Decembre 1640. criant, *Li-*
berté , liberté , vive le Roi Don
Juan quatriéme ; dans le même moment, dis-je, ce Prince qui étoit à Evora dans la
Province d'Alentejo , y fut
proclamé Roi, de-même que
dans toutes les principales
Villes du Roiaume, & dans
toutes les Conquêtes des Portugais, en Asie, en Afrique
& en Amerique , à la reserve
de la seule Ville de Ceuta en
Afrique, parce que le Gou-

X iiij

Re-
prend sa
liberté.

verneur qui étoit Espagnol ,
n'avoit pas été du complot.
Aprés Dieu & la vigoureuse
resolution de la brave Noblesse de Portugal, ce Roiaume est redevable de sa liberté aux secours que les Rois
de France & d'Angleterre lui
ont donnez, pour opposer aux
forces des Espagnols.

Le Roi Jean IV. qui fut
surnommé le Fortuné regna
seize ans, & laissa deux fils,
Alfonce-Henri & Pierre : ce
premier aiant succedé à son
pere, & n'étant pas trouvé
capable ni de regner, ni de
donner des sucesseurs à la
Couronne, les Etats du Roiaume prierent le Prince Pierre
qu'ils appelloient Don Pedro, de prendre le Gouvernement du Roiaume , qui es-

fectivement avoit befoin d'un
homme de fa capacité pour
le preferver de fa totale ruï-
ne : mais il ne voulut jamais
l'accepter qu'à condition que
la dignité Roiale refteroit attachée en la perfonne de fon
frere aîné pendant fa vie,
ne voulant pour fon particulier que la qualité de Regent
qu'il accepta le 22. Novembre 1667. Ce procedé qui
doit fervir d'éxemple à tous
les Princes, lui acquit le cœur
de fes fujets & l'amour & la
veneration des Etrangers :
mais Alfonce étant mort
quelques années aprés, Don
Pedro prit la qualité de Roi
qui n'étoit pas moins dûë à
fa vertu & à fon merite qu'à
fa naiffance. Il avoit époufé
du vivant de fon frere, Ma-

rie — Elisabeth Françoise de
Savoie, fille du Duc de Ne-
mours, avec dispense du Pape, parce que cette Princesse
avoit épousé Alfonce frere
du Roi en 1666. mais comme
il étoit impuissant, & qu'elle
n'en avoit jamais été connuë,
son mariage fut déclaré nul
en 1668. Elle eut une fille avec
le Roi Don Pedro, qui mourut il y a environ deux ans.
Ce Prince a épousé en secon-
des noces une Princesse de la
Maison de Neubourg, sœur
de l'Imperatrice & de la Reine d'Espagne, dont il a un fils
qu'on nomme le Prince de
Bresil.

Le Roi de Portugal prend
ordinairement les qualitez sui-
vantes dans les Patentes qu'on
expedie en son nom. Roi de

Portugal & des Algaves, deçà
& delà les Mers d'Afrique ,
Prince du Bresil , Seigneur de
Guinée , de la Navigation ,
Conquêtes & Commerce
d'Ethiopie, d'Arabie, de Per-
se, & des Indes. Son Pa-
villon est une Croix rouge,
en champ d'argent, & son E-
tendar de guerre est cinq
écussons, chargez des cinq
plaies de Nôtre-Seigneur. Le
revenu du Portugal n'est que
d'environ huit millions neuf
cent mille livres, outre les
revenus de la Maison de Bra-
gance, qui ne sont pas unis à
la Couronne, & qui peuvent
monter à deux cent cinquante mille livres.

CHAPITRE XXII.

De la Ville de Lisbonne, &
de quelques autres choses re-
marquables en Portugal.

Lis-
bonne.

CE florissant Roiaume a
pour sa Capitale Lis-
bonne avec Archevêché &
Parlement, qui est située sur
les bords du Tage, dont la
largeur & la profondeur lui
forment un Port considerable, puisqu'à la faveur du flux
& reflux de la mer qui en est
à cinq lieuës, il reçoit les plus
gros vaisseaux. La Ville est
bâtie sur le penchant d'une
montagne en forme d'amphi-
theatre, commandée par le
Fort de Saint Jean. Les ruës

y font étroites & mal propres, & partie de la Ville eft
encore enceinte des murailles que les Mores y avoient
élevées. Quelques Auteurs
veulent que cette Ville fut
bâtie par Uliſſe aprés la priſe
de Troie, qui la nomma Uliſ-
ſiponne : quoi-qu'il en ſoit,
elle eft aujourd'hui une des
plus confiderables & des plus
marchandes de l'Europe, &
les Portugais ont accoûtumé
de dire que *qui no ha viſto Li-
boa, no ha viſto coſa boa;*
Ce'ſt-à-dire, que qui n'a pas
vû Lifbonne, n'a rien vû de
bon. Elle a environ deux
lieuës de long ſur le bord de
la riviere : mais elle n'eft pas
à beaucoup prés ſi large.

Le Palais Roial eft ſitué au
bas de la Ville, aiant vûë ſur

le Port ; c'est un bâtiment affez regulier, & où l'on voit
des pieces de Peinture, de
Sculpture & d'Architecture
qui ne peuvent fe paier : en
un mot la magnificence écla-
te plus à la Cour de Portugal
qu'à celle d'Efpagne. Lors
que le Roi doit fortir, un
trompette va le matin fonner
dans tous les endroits où Sa
Majefté doit paffer ; fi c'eft
la Reine, un Fifre & un Tam-
bour font la même chofe ; &
un hautbois precede la marche des Infans ou Infantes.

J'étois à Lifbonne en 1680.
lors que les Etats du Roiaume dérogerent pour une fois
feulement & fans confequen-
ce pour l'avenir, à loi de Lemago, dont j'ai parlé dans
le chapitre precedent ; c'é-

toit en consideration du ma-
riage de l'Infante Elisabeth ESPA-
GNE.
Marie-Loüise, qui venoit d'ê-
tre fiancée à Victor-Ame-
dée-François Duc de Savoie,
qui fut ensuite rompu, dans
le tems que les vaisseaux que
ce Prince avoit envoiez en
Portugal pour querir sa nou-
velle épouse, étoient à l'an-
chre devant Lisbonne. Dans
le même-tems on y eut nou-
velle que le 23. Janvier 1680.
la Ville de Musilipatan dans
le Roiaume de Golconde,
avoit été submergée; qu'il y
avoit péri plus de vingt-cinq
mille personnes, & que pen-
dant plus de deux heures il
y étoit tombé une grosse
pluie de sang.

L'Eglise Cathedrale de Lis- Catho-
drale.
bonne dediée à Saint Vin-

cent, n'a rien d'extraordinaire, que son antiquité & un
Tronc où l'on jette des au-
mônes pour nourrir quelques
corbeaux, en memoire, dit-
on, de ce que Saint Vincent
aiant souffert le martire en
Portugal, on jetta son corps
à la voirie, & les corbeaux
bien loin d'en faire leur pâ-
ture, le garderent jusqu'à ce
que quelques personnes l'en-
leverent & le porterent à
Husca prés de Valence en
Espagne, d'où il étoit origi-
naire. Ce qu'il y a de certain, c'est que j'ai vû dans la
même Eglise un corbeau &
une corneille, enfermez dans
une Chapelle par une grille
de fer, & lors qu'on leur jette
un sol, ils le ramassent avec
le bec, & le vont jetter dans

un

un Tronc fur lequel on lit *la* **ESPA-**
limofna para el entretenemiento **GNE.**
de los Corvos.

A demi lieuë de Lifbonne Belem.
fur le bord du Tage, en tirant vers la Mer, il y a un
petit bourg qu'on nomme Belem, recommandable à caufe
que c'eſt le lieu où les Rois
& les Reines de Portugal ſont
enterrez : leurs mauſolées
ſont dans l'Eglife des Hieronimites, qui eſt toute revê-
tuë de marbre blanc.

Proche de Belem il y a
une Tour dans la riviere, mu-
nie d'artillerie, qui corref-
pond à un autre petit fort
de l'autre côté de la riviere,
pour empêcher l'entrée du
Port aux vaiffeaux ennemis.
Il y a encore pluſieurs autres
forts le long de la riviere

jusqu'à la mer : le plus confiderable eſt celui de Sainte Ca-
therine, à l'embouchure du
Tage, qui répond au Fòrt
de Bois ainſi nommé, parce
qu'il eſt bâti dans la Mer ſur
pilotis, munis de bonne artillerie qu'ils tirent à fleur-
d'eau.

Lac de
Beja
Effet
ſurpre-
nant.

Il y a un Lac prés de Beja
entre le Tage & la Guadiane, où l'on pêche de gros
poiſſons noirâtres, qu'on
nomme Turtures ; lors que
le tems eſt diſpoſé à la pluie
ou à quelque grand orage,
il ſort de ce Lac un bruit
ſemblable au mugiſſement
d'un Taureau, que l'on en-
tend à cinq à ſix lieuës à la
ronde.

Lac de
Strella.

Il y a un autre Lac ſur la
montagne de Strella, où l'on

ttouve souvent des débris de
navires ; comme mats, voiles,
anchres , &c. bien - que la
mer en soit à plus de treize
lieuës.

ESPA-
GNE.

La fontaine de Cedima à
sept à huit lieuës de Coim-
bre , merite bien d'avoir place dans mes remarques, &
de faire la clôture de ce volume , puisqu'elle engloutit
tout ce qui touche son eau ;
on en a souvent fait l'experience sur des arbres & autres choses de cette nature ;
& un Gentilhomme Danois
ne voulant pas le croire ,
voulut un jour y faire entrer
son cheval pour l'abreuver :
il s'étoit cependant précau-
tionné de lui mettre une
corde au col, & une autre
à une jambe, qu'il avoit at-

Fon-
taine
extraor-
dinaire.

Y ij

tachées à des gros anneaux de
fer plantez dans la terre à
quelques pas de cette four-
ce : mais à peine ce pauvre
animal y fut entré, qu'il se
vit attiré par cette eau avec
une force si extraordinaire,
qu'une des cordes rompit,
& l'autre ne retint qu'un pied
du cheval qui se sépara du
jaret ; & il n'en falut pas davantage pour dissiper l'incredulité du Danois, qui s'en retourna à pied.

CHAPITRE XXIII.

*Qui contient quelques remar-
ques omises dans le corps
de l'Ouvrage.*

En corrigeant les épreu-
ves de ce volume, je me
suis apperçû que j'avois ou-
blié plusieurs petites remarques qui n'étoient pas moins
dignes de la curiosité du Lecteur, que beaucoup d'autres
que j'ai marquées ; ce qui
m'a engagé d'y joindre ce
chapitre, pour lui servir de
supplement.

Le Port de Sainte Marie
dans la Baie de Cadix, est
plus frequenté que celui de
Cadix même, à cause de la

facilité que les Marchands y
trouvent à frauder partie des
droits d'entrée & de sortie :
mais il n'y a que le Roi qui
y perde, parce que les Marchands ont soin, par quelques presens, de fermer les
yeux aux Commis ordonnez
pour la Recepte des droits
Roiaux.

Ce qui augmente ordinai-
rement le crime de ceux qui
ont le malheur de tomber entre les mains de l'Inquisition,
c'est leur bien : ceux qui en
ont doivent perir sans mise-
ricorde, car il n'y a point de
Tribunal dont les procedures
soient si severes & si injustes,
puisque l'on y condamne un
homme au fouet, à une prison perpetuelle, ou à être
brûlé, sans lui dire le sujet

pourquoi, ni sans lui confron-
ter aucun témoin.

On n'expose aucune dan-
rée en vente les jours de
marché dans la Ville de Madrit, qui n'ait été taxé auparavant ; & si quelqu'un avoit
vendu les siennes au delà de
la taxe, elles seroient confis-
quées & le vendeur mis à l'a-
mande. Le Roi tire pour ses
droits, un huitiéme du prix
du vin, du pain, de la viande
& des autres danrées, & chaque chose a ses Fermiers à
part, ce qui fait qu'on prend
du pain en un endroit, pendant qu'on cherche du vin
dans un autre.

Les Ambassadeurs & les Ministres des Princes Etrangers
sont exemts de tous ces impôts, sont logez aux dépens

du Roi d'Espagne, & ont
beaucoup d'autres privileges ; les habitans de Madrit
tâchent de se rendre necef-
faires à ces Ministres, afin de
tirer par le moien de leurs
Officiers, quelque avantage
dans l'achat de leurs provi-
fions.

C'eft en vertu d'une Bulle
du Pape, que les Efpagnols
mangent le Samedi les foies,
les pieds, les aîlerons, & ce
que nous appellons la petite
oie, moiennant huit fols par
tête pour chaque année. Ce
privilege fe renouvelle tous
les ans, & porte un profit
confiderable dans les coffres
du Roi ; il y en a quantité
qui paient la Bulle, fans pro-
fiter de la permiffion, n'aiant
fouvent pas dequoi acheter du
pain.   Les

Les femmes Espagnoles ont des corps de jupe qui leur montent presque jusqu'au menton, & sont échancrez par derriere jusqu'à la moitié des épaules : elles ont presque toutes la tête nuë, les cheveux natez qui pendent negligemment, & des pendants d'oreille de ruban. Il n'y a gueres que les femmes de qualité qui aient du linge, au moins qui paroisse : elles ont le pied fort petit, & ne laissent voir qu'un œil sous leur voile, qui sert à les conduire. Leurs vertugadins sont si larges, que lors que deux femmes se rencontrent dans une ruë un peu étroite, elles ne s'embarassent pas moins que s'il y avoit deux charettes chargées de paille.

Si un cavalier entroit chez
un Marchand, & qu'il y trou-
vât quelque Dame qui fit
emplete, il seroit de son honneur, ou pour mieux dire de
sa galanterie, de s'offrir de
paier ce qu'elle acheteroit,
à moins qu'elle ne fût ac-
compagnée d'un autre hom-
me ; car en ce cas, il n'est
pas même permis de leur parler ni de les saluer.

Les carrosses des Espagnols
sont presque tous couverts de
toile cirée, & tirez par de
longs traits de corde, qui
embarassent souvent les car-
refours de Madrit.

Les Espagnols sont fiers, &
reviennent mal-aisément de
leurs premieres impressions ;
ils sacrifient souvent la justice
à leur interêt. Le commun

peuple est insolent à l'égard de ses superieurs, superstitieux jusqu'à baiser la robe de tous les Moines qu'ils rencontrent par les ruës, qui le leur permettent sans resistance ; ils ne se plaignent jamais de leur misere, & on y trouve quantité de gens plus enclins à y remedier par le vol que par un travail honnête : mais les défauts de ceux-ci, ne doivent pas diminuer la vertu, la probité & les autres belles qualitez des Espagnols, à qui on a donné de bons principes dans leur jeunesse ; puisqu'il y en a quantité dont toutes les actions sont autant d'éxemples pour les honnêtes-gens.

F I N.

De l'Imprimerie de LAURENT
RONDET.